CW00557771

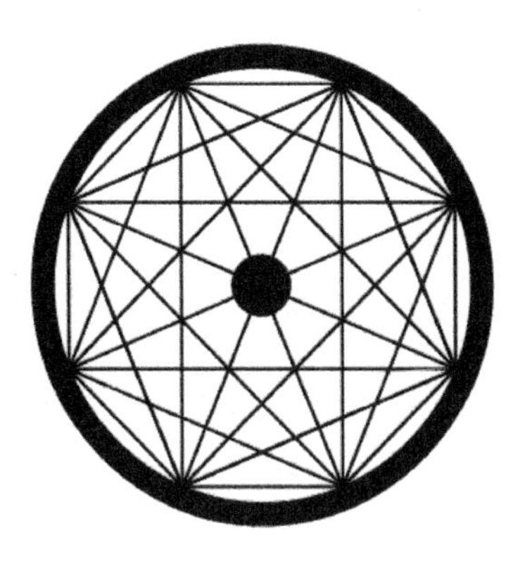

La Ghiandola Pineale

Federico Gazzetta

∞

Ulteriori informazioni:

http://coscienzaspaziotempo.it

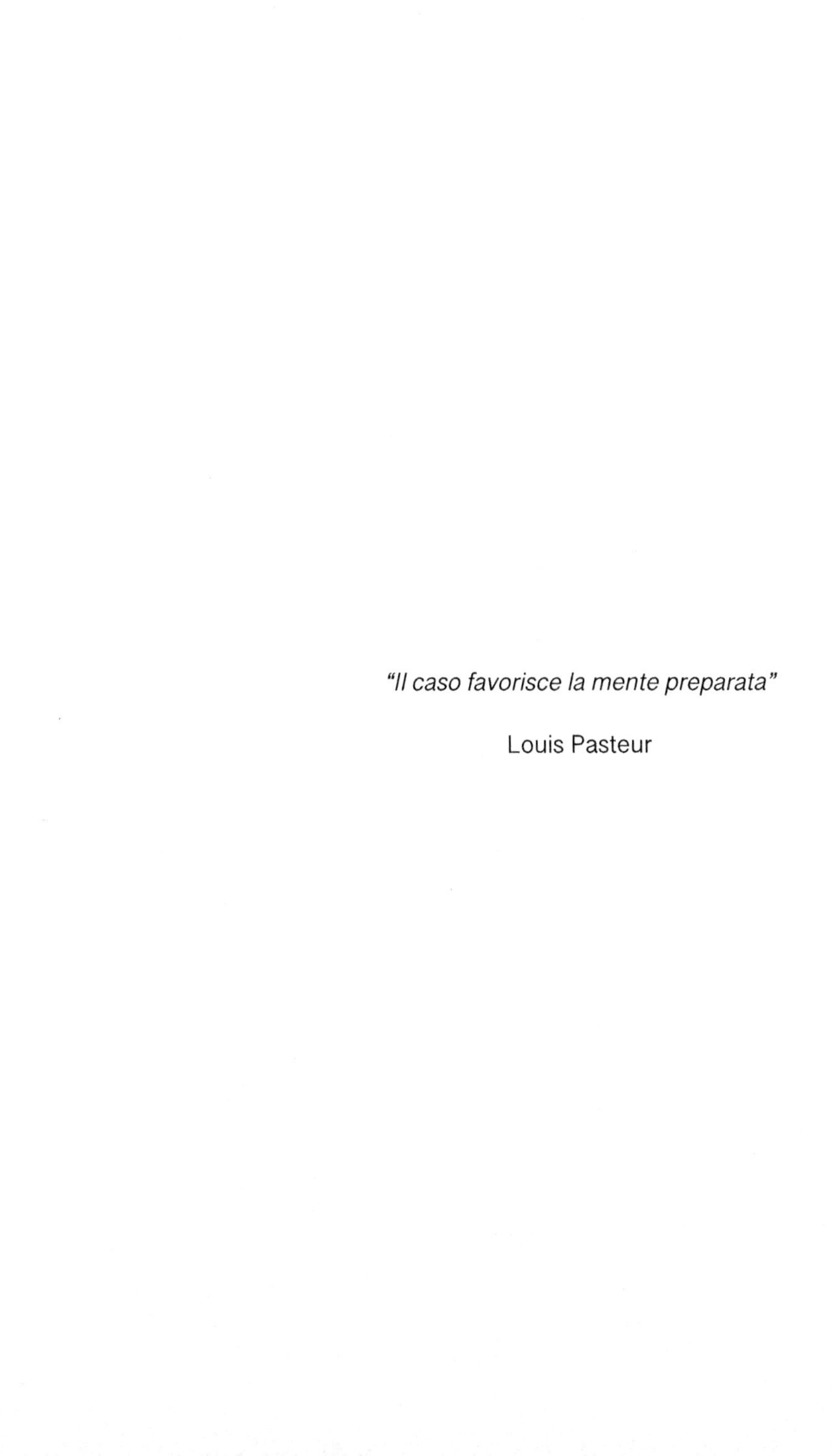

"Il caso favorisce la mente preparata"

Louis Pasteur

Indice

Introduzione

In queste pagine parleremo di una regione del corpo molto cara all'uomo sin dagli albori della storia conosciuta: la ghiandola pineale. La sua importanza è rintracciabile a partire dall'epoca dei sumeri, si manifesta parallelamente nel popolo egizio, viene ripresa dai greci, ed arriva ai giorni nostri tramite le tradizioni religiose come buddhismo e cattolicesimo, nonché attraverso quelle mistiche come la più citata massoneria.

Il motivo per cui venga ritenuta così importante lo si può comprendere considerando il ruolo dei sacerdoti nell'antichità, ad esempio in Egitto, visti come intermediari del colloquio con il Divino. Quest'ultimo può essere considerato un "campo di informazione", una forma di intelligenza conoscibile per intuizione, una Mente Universale accessibile prevalentemente ad individui addestrati mediante particolari esercizi i quali con il tempo rendono capaci di profezie, guarigioni, propiziazioni, e nondimeno donano quella sapienza mistica e sacra che risulta fondamentale in tutte le civiltà del passato. Il rapporto con il Divino era la chiave per il riconoscimento del singolo nei ranghi più elevati della società tanto più che la Chiesa ad un certo punto cominciò ad incoronare i sovrani, legittimandone l'operato e di conseguenza il condizionamento e la guida delle masse. Sovente, tali intermediari vengono in ogni tempo definiti con il termine "iniziati".

Ad oggi la scienza ha esplicato blandamente la funzione della ghiandola pineale, mostrando come abbia qualche meccanismo interno simile all'occhio e descrivendo soprattutto la principale funzione di orologio biologico nella regolazione del ritmo sonno-veglia, ma senza riuscire propriamente a penetrare i suoi più profondi segreti già conosciuti da alcune tradizioni che li tramandano da secoli. Il semplice fatto che tali insegnamenti riguardo a questa piccola zona del cervello siano stati trasmessi in segretezza per molto tempo può rendere un'idea dell'importanza che essa riveste in molti ambiti della nostra esistenza.

Le viene attribuito un ruolo biologico durante la generazione del sogno nella fase REM tramite una via metabolica semplice che a partire dal triptofano arriva alla biosintesi di un potente allucinogeno, la di-metil-triptamina o DMT, che spiegherebbe l'esperienza onirica; ciò si suppone, in quanto ha la potenzialità biochimica per farlo ma non si è ancora attestato con la dovuta sicurezza tale meccanismo. Questa sostanza viene prodotta dal nostro corpo in vari distretti e sorprendentemente i popoli sudamericani la conoscono da molto tempo per altre vie: ingerita tramite la bevanda ayahuasca serve agli sciamani nelle funzioni religiose e per diagnosticare e trattare con discreto successo malattie e dipendenze. A detta di chi l'ha provata essa produce vivide allucinazioni, viaggi dimensionali, ed esperienze oniriche lucide. Il tutto viene vissuto usando gli occhi della mente, o se vogliamo accordarci ad alcuni concetti orientali lo chiameremo precisamente il Terzo Occhio.

Il motivo per cui la nostra evoluzione ci abbia dotati di tali possibilità oggi sembra quasi ludico, ma solo se ci fermiamo alla superficialità. In passato e tuttora l'uso consapevole delle capacità cerebrali guidate da questa ghiandola ha portato grandi benefici permettendo all'uomo di andare oltre i limiti della conoscenza sensibile, creando un ponte tra la percezione limitata dei sensi e quella illimitata della mente in periodi in cui la tecnologia era verosimilmente diversa da oggi.

Gli strumenti moderni, infatti, permettono di affidarci all'ambiente esterno a noi stessi come mai era capitato nella storia che conosciamo: quasi qualunque necessità è disponibile preconfezionata. In questa era in cui l'informazione è veloce e letteralmente a portata di mano la maggior parte di noi può istruirsi su qualsiasi argomento, ovunque, a suo piacimento. Non c'è da meravigliarsi se l'utilizzo di questa facoltà intuitiva, capace di raccogliere sottili e preziose vibrazioni in grado di stimolare l'avanzamento di coscienza e conoscenza, sia notevolmente assopito. Persi nella tecnologia, abbiamo tralasciato il vecchio ma basilare insegnamento "Conosci te stesso" che presuppone l'osservazione del mondo interno, attraverso a titolo di esempio le meditazioni che sperimenteremo nelle pagine che seguono.

In questo testo troverete informazioni condensate e si rimanda ad altri testi eventuali approfondimenti in qualsiasi campo. Lo scopo è quello di aprire una serie di porte alla curiosità in un tempo breve, presi come siamo da questo frenetico ventunesimo secolo, rendendoci partecipi di altri modi di vedere una realtà che muta incessantemente seguendo ciò che noi manifestiamo di noi stessi. Prenderemo così coscienza del ruolo della ghiandola pineale, ci interrogheremo sui fatti presentati, le susciteremo una piccola reazione di felicità per la considerazione e di sicuro sarà felice di collaborare con noi per guidarci attraverso le funzioni intuitive, che spesso lasciamo in secondo piano perché insicuri delle nostre percezioni. Chiaramente, ciò accadrà se e solo se ci prenderemo lo spazio tempo per valutare, ma soprattutto per mettere alla prova, le informazioni ricevute.

Ghiandola Pineale

Situata approssimativamente al centro del cranio, la ghiandola pineale o epifisi è una piccola struttura di forma conica con lunghezza media di dieci millimetri e diametro sei. Il termine pineale deriva dal latino pineus, significante pino, e ne associa la forma anatomica al frutto dell'albero. Aumenta di volume fino alla pubertà, seguendo poi di frequente un processo degenerativo fino alla calcificazione per accumulo di sali minerali cristallizzati[1].

Il suo tessuto utilizza due tipi di cellule: alcune specializzate chiamate pinealociti ed altre di sostegno dette cellule gliali. I primi, a seguito di una stimolazione operata dal sistema nervoso, producono il famoso ormone melatonina, una sostanza fondamentale nel ritmo sonno-veglia ma con implicazioni anche a livello di equilibrio globale. Le seconde accompagnano i vasi sanguigni svolgendo funzioni di sostegno metabolico, fornendo nutrimento.

Risulta essere la ghiandola endocrina più irrorata dal sangue dopo i reni pesando però circa un millesimo rispetto ad essi, portandoci già a scoprire come l'evoluzione abbia ritenuto importante nutrire adeguatamente questo piccolo frammento organico. L'ampia irrorazione dei reni, giusto per chiarire, serve prevalentemente a permettere l'eliminazione degli scarti metabolici ed a regolare l'equilibrio idrico del corpo.

L'epifisi è situata in prossimità di canali del liquido cerebrospinale, una sostanza acquosa che si trova nella scatola cranica e che mette il cervello in contatto diretto con le secrezioni delle ghiandole al suo interno, ed è circondata dal sistema limbico che la pone in relazione con l'elaborazione delle emozioni. Le sue secrezioni hanno quindi possibilità per essere recepite in tutto il cervello, in molteplici modi sia oggettivi che soggettivi.

Ha la particolarità di trovarsi all'esterno della barriera emato-encefalica, una serie di membrane ricoprenti il cervello che "setacciano" minuziosamente il sangue permettendo il passaggio del nutrimento per le cellule cerebrali attraverso trasportatori specifici, e vietando l'ingresso a molte sostanze potenzialmente dannose in un organo di controllo così delicato. Ciò permette all'epifisi di venire a contatto direttamente con il sangue, facilitando lo scambio di molecole e mettendo in diretto contatto le informazioni chimiche da lei secrete con tutto il corpo, e viceversa.

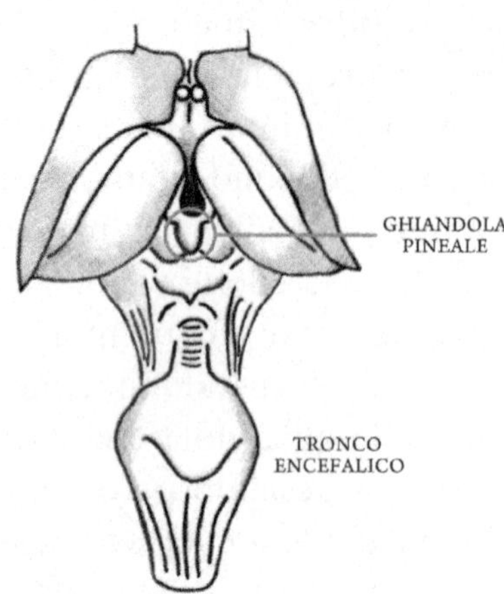

Figura 1. Volta del IV ventricolo aperta. Alcune zone sono state asportate. Cerchiata in rosso la ghiandola pineale.

I cristalli dei sali minerali che si formano ed accumulano all'interno vengono denominati acervuli e sono costituiti da carbonati e fosfati di calcio e magnesio, differenti tra loro per forma e solubilità; provocano la eventuale calcificazione totale della ghiandola con il tempo. In uno studio del 2002 di Baconnier et al.[3] tali acervuli sono stati esaminati per proprietà chimico fisiche e ne sono stati trovati dai 100 ai 300 per millimetro cubico, aventi forma cilindrica, cubica, e molte volte di prisma a base esagonale. Questi cristalli esibiscono un comportamento piezoelettrico: in seguito a compressione liberano una radiazione elettromagnetica e viceversa, accompagnata a volte da piezoluminescenza ovvero una emissione di fotoni. Questa ultima caratteristica la troveremo più avanti in una sostanza che partecipa alla vita della ghiandola.

Il minerale che generalmente si trova all'interno è idrossi-apatite, una composizione di calcio e fosfato di frequente associata a materiale biologico, che cristallizza anche con struttura a prisma esagonale. Questo minerale presenta una peculiarità piuttosto interessante: nella sua struttura i gruppi "idrossi" (idrossilici per la precisione) possono essere sostituiti dal fluoro, formando la fluoro-idrossi-apatite, molto più stabile e meno solubile rispetto all'idrossi-apatite e quindi più disposta a rimanere solida e cristallina. Si velocizza così il processo di calcificazione della ghiandola e la conseguente relativa diminuzione di funzionalità.

La calcificazione comincia sin dalla nascita ed attorno ai quarant'anni a volte risulta completa, ma può essere notevole già prima dei tre anni; è maggiormente presente in pazienti affetti da Alzheimer, schizofrenia e sclerosi multipla rispetto a pazienti sani. Alcuni anziani eccezionalmente in salute hanno mostrato una bassissima percentuale di calcificazione.

Un momento, passo indietro... Fluoro?

Che ricordi, da piccolo mi propinavano le pastigliette di fluoro nonostante nella letteratura mondiale già dal 1981 esistevano studi di settore che ne consigliavano l'uso locale e non sistemico[6]. Ma magari si sbagliavano, dai... Tutti sappiamo che in odontoiatria i trattamenti topici al fluoro si rivelano molto efficaci nel rinforzare lo smalto dei denti, ma siamo sicuri che il fluoro sia benefico se assunto per via orale? Chiariamoci il dubbio: un articolo del Lancet - prestigioso giornale in ambito medico - del 2014[4] cataloga il fluoro come neurotossina, dannosa per lo sviluppo alla stregua di piombo e mercurio in quanto viene inserito nella medesima categoria. Il fluoro nel nostro organismo può portare alla più visibile fluorosi dentale, fratture ossee, diminuzione della funzionalità della tiroide, disturbi del sistema immunitario con diminuzione della formazione di anticorpi, aumento delle probabilità di cancro, ed altri disturbi ancora[5]. Tutto ciò accade anche perché il fluoro nella sua forma acquosa è molto attratto dalle cariche positive, a cui vi si lega con forza, ed è sufficientemente piccolo per entrare all'interno degli ingranaggi molecolari modificandone la funzionalità.

In America - dati 2016 - il fluoro viene comunemente aggiunto all'acqua potabile in quantità tra 0,7 e 1,2 mg/L (o mg/Kg, ppm - parti per milione) come prevenzione per la carie, anche se in realtà non vi è correlazione su larga scala con la diminuzione di tale problema. Mai è nemmeno stato approvato dalla FDA - Food and Drug Administration, ente regolatorio per la commercializzazione dei medicinali - il suo utilizzo: l'aggiunta di un componente non essenziale per l'organismo in modo dose dipendente allo scopo di prevenire un disturbo di salute dovrebbe di certo essere registrata. Tenendo poi presente la variabilità individuale della dieta e la sua presenza in altri alimenti, risulta anche impossibile controllarne la dose di assunzione quotidiana, rischiando l'intossicazione; inoltre ci sono circa 50 studi clinici che attestano come possa ridurre il quoziente intellettivo nei bambini[6]. Il problema si ingrandisce ulteriormente se pensiamo al latte in polvere, che quando ricostituito con acqua trattata presenta una concentrazione di fluoro fino a 300 volte superiore rispetto al latte materno, in cui passano fisiologicamente 0,004 ppm. Non tutte le mamme pensano a queste implicazioni, già hanno mille pensieri di loro e potrebbero, piuttosto facilmente, pensare al semplice risparmio economico... Per concludere, esistono diversi tipi di sali di fluoro e quelli aggiunti alle acque sono, guarda caso e giustamente, quelli più facilmente assimilabili[10].

Teniamo presente che alcune popolazioni abitanti distante dalla "civiltà moderna" presentano spesso denti perfetti senza neppure spazzolarli. Probabilmente dipende dal cibo ingerito piuttosto che dalla assunzione di fluoro, in quanto la raffinazione dei componenti alimentari non è da sottovalutare. E teniamo soprattutto presente che milioni e milioni di persone nel mondo - forse diverse centinaia contando le generazioni - assumono o hanno assunto fluoro inconsapevolmente per tutta la loro vita, in maniera più o meno naturale.

Già nel 1942 Dean poneva l'accento sul problema della fluorosi dentale, sintomo visibile di intossicazione, suggerendo di monitorare bene il rischio dell'assunzione di fluoro; alcuni studi di Walbott et al. del 1978 indicavano come l'esposizione a fonti di fluoro causasse sintomi mentali e fisiologici, i quali nella maggior parte dei casi scomparivano terminandone l'assunzione[8]. La lista sarebbe lunga ma noi ci fermiamo qui, ai primi segnali. In Italia e dovunque nel mondo lo ritroviamo nelle acque in bottiglia come presente naturalmente, ed il limite massimo consentito nelle acque potabili è di 1,5 ppm come da direttive dell'Organizzazione

Mondiale della Sanità. Considerando che l'utilizzo topico è molto efficace, nei dentifrici per adulti è presente anche in 1500 ppm ma si sottovaluta che il bambino medio ne ingerisce fino a due terzi, per poi magari visitare il pronto soccorso con disturbi gastrointestinali.

Il dibattito tra la popolazione americana si fece acceso già qualche anno prima della pubblicazione dell'articolo su Lancet, gli effetti della fluorosi erano visibili e molte regioni riuscirono, lottando, ad eliminarlo dalla propria acqua potabile a partire dal 2010; a quel momento, comunque, erano presenti numerosi studi che ne attestavano il pericolo di assunzione[8]. In molti paesi del mondo la fluorizzazione delle acque non è consentita (Italia, Giappone, Finlandia, Messico, altri ancora), ma quasi la totalità dell'Australia e degli USA adotta questo procedimento. E' consentita però la fluorizzazione del sale in alcune nazioni, portando la somministrazione nelle mense, negli ospedali. Il controsenso in questa faccenda è che lo stesso ente che ne promuove l'assunzione orale, l'americano CDC - Center for Disease Control and Prevention, ne ha ammesso l'efficacia topica invece che sistemica[6].

Alcune analisi del tessuto pineale di undici anziani deceduti hanno mostrato un accumulo di fluoro, legato al calcio nella fluoro-idrossiapatite[7], che va da 14 a 875 ppm. Sono valori distanti dalle 6000 ppm delle ossa di persone esposte tutta la vita all'assunzione di fluoro, ma anche dalle 0,4 ppm di media che si trovano negli altri tessuti[23]. Questo accumulo risulta possibile in quanto la ghiandola pineale è esterna alla barriera emato-encefalica e può ricavare il fluoro direttamente dal sangue, mettendolo al suo servizio nella naturale tendenza alla formazione di minerali. Tali calcificazioni inoltre sono state associate ad una riduzione del numero di pinealociti efficienti e ad una riduzione della produzione di melatonina[9].

Come mai promuovere l'utilizzo di una sostanza che porta a così tanti disturbi a livello corporeo, ma soprattutto che promuove la calcificazione della ghiandola pineale? Non possiamo aspettare che si faccia fuori lei da sola con l'età, nel caso? Come mai nonostante le ricerche allarmanti ed i dati scientifici si procede imperterriti ad aggiungere il fluoro all'acqua potabile per l'unica indicazione di prevenire la carie, tra l'altro mai confermata pienamente? E dato che esistono studi divergenti, nel dubbio, non potremmo fare a meno di assumerlo?

Chi lo sa. Senza cominciare a fantasticare in complotti veri o presunti, ci limitiamo ad osservare i fatti sospendendo il giudizio. E ci addentriamo nel mondo delle sostanze che questa ghiandola produce per chiarirci meglio le idee.

Melatonina

La principale sostanza prodotta dall'epifisi è la melatonina, una molecola molto lipofila ovvero a cui piace entrare in contatto velocemente con le cellule del corpo. Le cellule la preparano a partire dal triptofano, un amminoacido essenziale che è necessario introdurre con la dieta, attraverso alcuni passaggi biochimici che lo trasformano prima in serotonina, di cui la ghiandola pineale è la regione più concentrata del corpo, e poi in melatonina. Aprendo una parentesi, livelli di serotonina molto superiori alla norma sono stati ritrovati nel tessuto pineale di pazienti affetti da schizofrenia[17], suggerendo una correlazione tra il funzionamento ghiandolare ed il disturbo psichico.

Interessante è notare come i pinealociti riservino un'attenzione particolare per il triptofano in quanto sono dotati di un meccanismo di trasporto molto selettivo che, prelevandolo dal sangue, ne aumenta la concentrazione al loro interno rispetto alla concentrazione che si ritrova in altri tessuti[15]; tutto ciò regola gli equilibri chimici nella cellula riguardo i processi in cui tale sostanza è coinvolta, in questo caso sostanze come serotonina, melatonina, o di-metil-triptamina come vedremo in seguito. Generalmente, la presenza di un prelievo così selettivo dal sangue indica un utilizzo specifico riguardo alla funzione fisiologica.

TRIPTOFANO ▷▷ SEROTONINA ▷▷ MELATONINA

Il rilascio di melatonina avviene tramite un meccanismo luce dipendente: la presenza di luce comunica alla ghiandola pineale di stare a riposo tramite il nervo ottico ed i nuclei di controllo che gestiscono lo scambio di informazioni nervose della ghiandola. Una diminuzione dell'intensità luminosa comunicata tramite il nervo ottico provoca l'attivazione delle vie di produzione della melatonina con il rilascio di questo ormone in modo buio dipendente, provvedendo formalmente ad una regolazione dell'organismo in relazione ai ritmi celesti non solo quotidiani ma anche stagionali. E' accertato che nell'uomo i livelli di melatonina sono massimi di notte e minimi di giorno, tuttavia si abbassano anche di notte durante l'ovulazione e si alzano anche di giorno in condizioni di stress[1]. I livelli di questo ormone inoltre diminuiscono molto durante la pubertà e si è visto come alti livelli calino la libido.

Riguardo ai ritmi celesti, sono stati effettuati alcuni studi particolarmente interessanti in cui la scienza ha trovato nella ghiandola pineale anche un sensore gravitazionale, precisamente rispetto alla Luna. Questi studi ci offrono uno spunto per comprendere quanto sensibili siano le nostre cellule rispetto ai fattori "invisibili", di cui spesso rifiutiamo gli influssi per mancanza di strumenti atti a misurarne le cause e gli effetti. In uno di questi esperimenti la ghiandola pineale di alcuni topi, a cui rendiamo grazie per tutti i sacrifici che hanno compiuto e stanno compiendo, è stata suddivisa in due zone, superficiale e profonda, ed è stata studiata durante un ciclo lunare; vennero osservati i cambiamenti morfologici e funzionali di due tipi di pinealociti, o cellule, presenti nella ghiandola che si differenziano per marcata attività, identificati come light, oppure per accumulo di calcificazione, identificati come dark. All'interno di questi pinealociti sono presenti vescicole contenenti molecole/informazioni pronte ad essere rilasciate in caso di necessità. E' stato scoperto che in funzione della fase lunare varia il numero totale di vescicole presenti in queste cellule, aumentando numericamente di poco più del 50% durante la luna piena sia nella zona superficiale che in quella profonda[12].

In un altro studio, più complesso in termini di parametri studiati, sono state riscontrate in partecipanti umani variazioni metaboliche significative correlate al ciclo lunare. Posto che i ricercatori si preoccuparono di schermare l'effetto dell'aumentata luminosità dovuta al plenilunio, tenendo i partecipanti in una stanza adeguata, i livelli di melatonina nei campioni di saliva analizzati dimezzarono nei quattro giorni precedenti e successivi a tale evento. Riportano inoltre nell'articolo come sia già stata documentata una correlazione, da approfondire, tra gli attacchi di epilessia ed il ciclo lunare[13].

Questi dati ci mostrano simpaticamente come definire qualcuno lunatico possa avere delle basi scientifiche, ma la connessione più interessante riguarda l'influsso della fase lunare nonostante la schermatura dalla luce emanata. Si apre la strada ad una serie di considerazioni che possono coinvolgere i vari pianeti, sin dall'antichità correlati ad importanti campi di informazione o divinità, i quali influssi appaiono più complessi da descrivere ma in un'ottica di questo genere risultano plausibili. I nostri antenati correlavano particolari zone e "stelle" o pianeti del cielo a variazioni di comportamento, modificando la loro vita e facendosi quindi influenzare dagli oggetti celesti. Le impressioni che essi in qualche modo ricevevano venivano in qualche modo tradotte come meglio essi potevano, nel tentativo di adeguarsi all'orologio cosmico spesso associato al Divino. Ciò che la scienza ora descrive riguardo alla modifica fisiologica apportata dalla Luna nei confronti della melatonina, gli antenati consapevolmente la elaboravano e vivevano a loro modo da millenni rispetto a tutto il cosmo, agli umori che esso trasmetteva loro come testimonia la mitologia.

La regolazione dei ritmi circadiani è, tuttavia, solo la punta dell'iceberg per la melatonina in quanto le sue funzioni sono molto più ampie di quello che si possa immaginare: regola la formazione della memoria agendo direttamente sui neuroni dell'ippocampo, agisce come antinocicettiva (diminuisce la percezione del dolore), antidepressiva, ansiolitica, antineofobica (diminuisce la paura del nuovo), neuroprotettiva, antinfiammatoria, antiossidante, e svolge una azione antitumorale su alcune linee cellulari. Sortisce effetti su retina, fisiologia delle ovaie, differenziazione degli osteoblasti ovvero cellule ossee, vasi sanguigni tramite vasodilatazione. Migliora il quadro clinico nel parkinsonismo, gli effetti dovuti al morbo di Alzheimer o all'ischemia o all'edema cerebrale, la disassuefazione dall'alcol, la depressione; riduce lo stress e mitiga anche disturbi metabolici endocrini come il diabete di tipo due. C'è anche altro, ma aggiungo solo che torna utile per alleviare i sintomi nell'astinenza da cocaina, una dipendenza molto fisica, giocando un ruolo nel meccanismo di ricerca/ricompensa mediato dalle comunicazioni nervose di tipo dopaminergico.

I recettori per questo ormone, ovvero le strutture specializzate del corpo che riconoscono questa sostanza ed interagendoci modificano la fisiologia dell'organismo, si trovano sparsi ovunque: cervello, retina, sistema cardiovascolare, parete dei ventricoli cardiaci, aorta, coronarie e arterie cerebrali, fegato e cistifellea, duodeno, colon, ceco ed appendice, pelle, paratiroide, pancreas esocrino, rene, cellule del sistema immunitario, piastrine, adipociti bianchi e marroni, cellule epiteliali di prostata e seno, ovaie, placenta, reni del feto[11]. Tre dei recettori conosciuti si trovano sulla membrana della cellula ed uno sulla membrana del nucleo cellulare, il quale media la trascrizione di specifiche informazioni genetiche. Sembra una molecola importante se quasi tutto il corpo la riconosce e vuole comunicarci anche il DNA, che ne dite?

La sua produzione diminuisce con l'età, vari tipi di cancro, demenza senile, Alzheimer e calcificazione. Anche per questo abbiamo dato molta importanza al fluoro nel paragrafo precedente. In ogni caso la ghiandola pineale non è l'unica regione del corpo in cui viene prodotta, ne esiste anche di extrapineale a cui il tratto gastrointestinale contribuisce maggiormente[14]. Quando si parla di secondo cervello riferendosi all'intestino, ci sono sicuramente delle buone motivazioni.

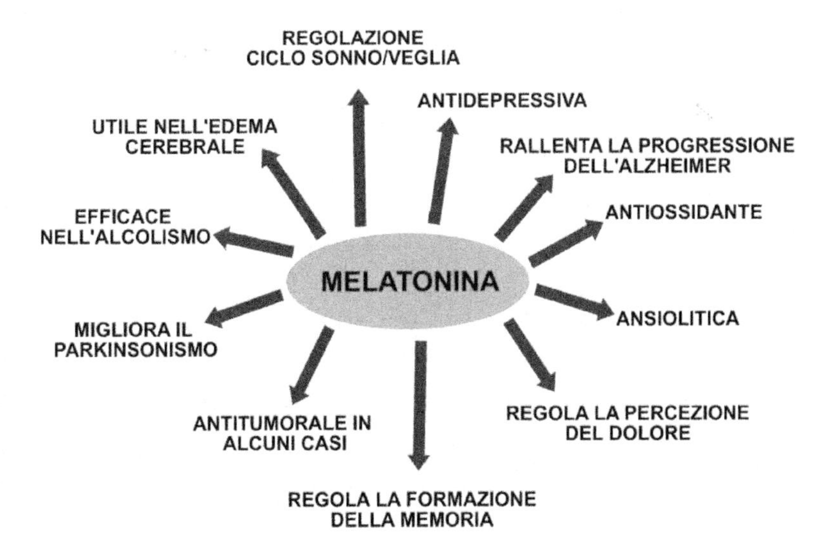

Figura 2. Principali funzioni della melatonina.

La somministrazione di melatonina è ammessa in libera vendita negli integratori alimentari, in Italia con dose massima di un milligrammo per compressa. E' utile nel trattamento del jet-lag ma se viene presa durante il giorno porta a sonnolenza e rallentamento dei riflessi. Quando assunta due ore prima di coricarsi diminuisce il tempo di addormentamento ed aumenta la durata del sonno[32]. In dose di due milligrammi è commercializzata, previa prescrizione medica, come farmaco per curare l'insonnia. Il che fa pensare: se viene commercializzato come farmaco, approvato dalla FDA, un ormone endogeno ovvero generato dal corpo, come mai chi pensa alla salute carica di fluoro l'acqua potabile causando potenzialmente una ridotta produzione? Misteri. Probabilmente, a titolo di esempio, perché a volte i ministri per la salute poco o nulla conoscono riguardo al corpo umano per cui non possono fare altro che affidarsi ad altri nelle decisioni, senza poter metter in campo un atteggiamento critico cosciente. Mentre quelli dell'economia, altro mistero, sono sempre coscientemente sul pezzo.

Abbiamo aperto le porte della nostra comprensione alla melatonina, conoscendola oltre i suoi limiti classici, acquisendo nuove informazioni e consapevolezza sul suo ruolo. E' tempo di aprire le porte anche ad altre molecole che influiscono sulla ghiandola pineale, per come Cartesio la descrisse "sede dell'anima". Vista la funzione principale ed i risvolti inaspettati di questa molecola, prepariamo i nostri neuroni alla neuroplasticità per accogliere la parte "ordinaria" che sta per venire. Ordinaria, chiaramente, perché è tutto dentro di noi, pronto ad essere utilizzato.

DMT e Funzioni Sacre

Sogno o son desto? Quanti di noi hanno sperimentato dei sogni talmente reali da svegliarsi con la fisiologia alterata da tachicardia, sudorazione, ansia? E che potrebbero paragonarli a reali esperienze? Tutti credo. E cosa ci succede allora nel sogno, che tipo di vita è quella onirica? Ci sarà utile chiarire questo argomento per avere una migliore comprensione degli stati alterati di coscienza, esperienze avvolte da un manto di magia che tutti viviamo senza capire bene come siano avvenute e che cosa sono.

Ho una riflessione personale da fare al proposito riguardo allo spazio-tempo, akasha secondo alcuni, che ci permette di aggiungere un tassello all'enigma del sonno. Definiremo lo spazio-tempo, per semplicità di punto di vista, come l'insieme di situazioni che viviamo le quali dipendono dai ritmi stagionali, dall'umore nostro o del nostro prossimo, dalle esperienze passate, da come dormiamo, ed in ultima analisi da noi stessi. Lo spazio-tempo diventa il modo peculiare in e con cui esperiamo la nostra vita, il meccanismo di scambio con cui osserviamo costantemente ciò che accade e che ci permette di variare la percezione del mondo esterno o interno a noi, rendendoci consapevoli delle relative strutture e manifestazioni in relazione alle nostre convinzioni su tali mondi.

Siamo abituati ad una scansione convenzionale del tempo durante la veglia, una definizione di ore e minuti che molte volte è scollegata rispetto a come percepiamo elasticamente il tempo nella nostra soggettività, che come un velo ricopre tutta la nostra esperienza. Ore di felicità che sembrano minuti, attimi di panico che si dilatano a dismisura: tutto diventa relativo nella nostra particolare sperimentazione della vita, relativo al nostro peculiare punto di osservazione. Questa lente attraverso cui osserviamo il fenomeno della Vita può cambiare colore e gradazione in qualsiasi momento, alterando la nostra percezione dello spazio-tempo: una situazione che prima era grigia ora diventa nerissima, ciò che passava quasi inosservato diventa il macigno che ci ostacola il cammino. Possiamo dunque vivere le medesime situazioni in modo completamente diverso, cambiando il funzionamento del nostro cervello e dei nostri organi, delle nostre ghiandole, del nostro umore. E l'umore modifica sicuramente la percezione dello spazio-tempo, come tutti abbiamo ampiamente sperimentato. Tutto quindi prende una piega gravitazionale diversa, se volessimo citare poeticamente la scienza, in funzione di come osserviamo sia consapevolmente che inconsapevolmente la realtà. La realtà è mutevole, e tutto ciò che sembrava un tempo ora non è più: le ombre che prima gravitavano attorno a noi modificando la nostra percezione dello spazio-tempo ora, eventualmente, gravitano altrove, lasciandoci una percezione differente.

In tutto questo relativismo, una cosa è certa: un particolare rapporto del nostro corpo fisico, ovvero del nostro veicolo/strumento di coscienza, rispetto allo spazio-tempo. Durante la veglia viviamo l'eterno presente di coscienza, un punto fisso nella linea del tempo in cui il presente è subito passato ma è già anche futuro, in cui percepiamo ciò che si mostra a noi in questo attimo evanescente: il ricordo immaginario del passato, la proiezione immaginaria nel futuro, e chiaramente il presente stesso in cui tutto si manifesta. Queste tre dimensioni del tempo ci permettono di modificare gli eventi e la struttura dello spazio-tempo sia soggettivo che oggettivo nell'attimo presente, come ad esempio tramite il ricordo di uno splendido posto alteriamo la nostra fisiologia donandoci appagamento e rilassando momentaneamente il sistema nervoso. Percependo questo presente mutevole, il nostro corpo fisico si muove più o meno liberamente nello spazio volando, camminando, roteando. Viviamo così una dimensione del tempo, apparentemente fuggevole ed ingovernabile, e tre dimensioni dello spazio in cui viaggiamo e siamo liberi di muoverci.

Durante il sonno, ragionando sui fatti, accade il contrario: siamo fermi nello spazio in quanto perdiamo la cognizione del corpo fisico, e viaggiamo nel tempo. Abbandoniamo il corpo fisico in quel periodo di amnesia che lo trasporta fino al mattino, generalmente nel periodo in cui l'ombra si alterna alla luce, in cui nessun controllo arbitrario viene trasmesso ai muscoli volontari i quali però si attivano spontaneamente durante il sogno. Il corpo continua ad esistere nello spazio così come durante la veglia continuiamo a percepire l'attimo presente nel tempo, e parallelamente il controllo fisico volontario è affidato al caso di un evento onirico alla stregua della vigile percezione immaginaria di un flash che ci porta a vivere futuro o passato come se fossero reali. Tuttavia, in apparenza perdiamo completamente la percezione del tempo, perdiamo anche quell'attimo di presenza che ci accompagna durante la veglia. Ma lo perdiamo o semplicemente non lo sappiamo gestire? E' veramente fuori portata della coscienza o siamo solo fuori allenamento? Ed i sogni lucidi come li cataloghiamo? E domanda ancor più scomoda alla scienza: come cataloghiamo quelli che si avverano?

Quando dico "viaggiamo nel tempo" è perché ho potuto studiare a modo mio il fenomeno del sonno: vi è mai accaduto di svegliarvi a causa di un rumore improvviso che si è collegato al sogno che stavate elaborando? Quando ciò mi capitò, la porta che realmente sbatté diventò un incidente stradale di cui ricordai esattamente la dinamica, dove a seguito di alcuni sbandamenti mi schiantai con l'auto e SBAM! La porta si chiuse. Sorprendente fu che sentii esattamente tutto il suono generato dalla porta, non solo una piccola parte. Questo strano evento mi ha permesso di capire come nella frazione di secondo in cui durò il colpo, venendo richiamato alla veglia si manifestarono istantaneamente nel sogno eventi che nella vita reale possono durare molti secondi, rendendo possibile quindi un vero e proprio movimento nel tempo. O spazio-tempo immaginario, che data l'inversione di prospettiva chiameremo tempo-spazio.

Anche voi potete rendervi conto, in mancanza di questo tipo di esperienza, di come sogni lunghissimi si possano manifestare in pochissimo tempo: basta puntare una sveglia alle quattro del mattino con una canzone di cui conoscete esattamente i secondi iniziali. Alcune volte vi sveglierete di soprassalto, ma potrebbe capitarvi un risveglio nel bel mezzo di un sogno ed aprendo subito gli occhi vi renderete conto, assieme al primo secondo della canzone, di come possiate diventare consapevoli di una lunga serie di eventi onirici che avvengono proprio nell'attimo in cui la sveglia comincia a suonare. Una sorta di paradosso temporale dove nell'esatto momento in cui venite richiamati alla veglia portate automaticamente con voi una storia e non un singolo attimo come accade nella veglia ordinaria.

Nei sogni poi si rivivono spesso situazioni avvenute durante il giorno con variazioni che dipendono dal livello di consapevolezza, o eventualmente si accede alla dimensione futura attraverso il sogno premonitore, e qualcuno può confermare di averne avuti alcuni abbastanza precisi. Il sogno premonitore che si avvera è molto interessante e permette di effettuare un vero e proprio viaggio nel futuro, portando la nostra coscienza ad attingere inconsapevolmente ad una delle dimensioni del tempo in rapporto alle probabilità di combinazione dello spazio. Viviamo quindi lo stato di sonno invertendo il nostro rapporto con lo spazio ed il tempo rispetto alla veglia: una dimensione di spazio, apparentemente ingovernabile a causa dell'abbandono del corpo fisico, tre dimensioni di tempo. Ci troviamo nel tempo-spazio.

Come tutti abbiamo sperimentato nella vita, il nostro cervello dispone di molteplici modalità di funzionamento, dal rilassamento all'estrema concentrazione, e dato che il sistema nervoso comunica attraverso impulsi elettrici possiamo ricavarne delle quantità elettriche misurabili attraverso particolari strumenti, gli elettroencefalografi. Dopo anni di ricerche, abbiamo identificato cinque onde cerebrali fondamentali che corrispondono ad altrettanti intervalli di frequenza: in ordine crescente esse sono definite delta, theta, alfa, beta, e gamma. Le prime sono caratteristiche del sonno profondo, poi seguono le fasi immaginative, quelle di rilassamento e quelle della concentrazione. Le gamma sono onde cerebrali su cui si sta indagando, ma sembrano collegate a particolari stati di estrema concentrazione e consapevolezza.

Il sogno si manifesta durante la fase REM, acronimo di Rapid Eye Movement ovvero movimento rapido degli occhi, ed è caratterizzato da onde cerebrali miste in cui compaiono onde beta tipiche dello stato di veglia, le più deboli a livello di voltaggio, ma anche onde theta tipiche del rilassamento profondo. A questa fase si accede dopo l'entrata nel sonno profondo, uno stato in cui il cervello è sintonizzato sulle onde cerebrali delta, le più lente e le più potenti a livello di voltaggio. Osservando il profilo elettroencefalografico del sonno REM si nota similitudine alle onde theta. Parlando di onde cerebrali parliamo anche di diversi stati di coscienza, in quanto passiamo dalle onde delta in cui viviamo praticamente incoscienti alle onde beta in cui siamo generalmente attivi nell'eseguire un compito. Non è un caso che durante il sogno appaiano le onde beta in quanto effettivamente manifestiamo un momento di presenza nonostante l'abbandono del corpo fisico, a seconda di una coscienza che, quando allenata e comunque a sua discrezione, cristallizza l'esperienza nel ricordo del sogno stesso.

Una volta mi colse un sogno che sembrava una matrioska: nel primo livello sognavo in modo offuscato, poi entravo in un altro livello di sogno più limpido, poi in un altro, e infine ad un livello in cui percezione e cognizione sperimentate erano altissime. Estremamente lucido, potei leggere chiaramente nomi, foto e indirizzi di numerose persone da un libro, con una sensazione quasi fisica, e poi di colpo mi svegliai. Un po' frastornato da cosa avevo appena vissuto decisi di richiudere gli occhi e sperimentai, entrando automaticamente allo stesso modo in livelli sempre più lucidi di sogno, ciò che veniva presentato con la scritta "multidimensional trip" - viaggio multidimensionale - da un cartello: vidi la Terra dallo spazio, e cominciai a caderci attratto dalla gravità con un moto a spirale molto realistico. Sentivo una forza incredibile a livello corporeo che mi faceva girare su me stesso, come se fossi in lavatrice sotto centrifuga, e la sentii come se fossi stato sveglio disteso a letto; seguii il vortice vedendo cielo azzurro, nuvole, la divinità induista Ganesh, persone o pezzi di oggetti nascosti dalla coperta, fino a raggiungere Terra con un immenso brivido, e mi svegliai. Con la pelle d'oca.

Nel tempo ho avuto molte altre esperienze simili che hanno stimolato l'intuizione ed eventualmente lasciato la verifica di una realtà più ampia di quella normalmente percepibile dai sensi; alcune volte mi sono stati trasmessi, perché questa fu la percezione, insegnamenti utili al periodo che stavo vivendo. In meditazione profonda ci ritroviamo quasi nella medesima condizione, con la differenza che la coscienza ora consapevole comanda al cervello di ridurre l'espressione delle onde cerebrali a frequenza più alta, le beta e le alfa, per lasciare spazio all'espressione delle frequenze più basse, theta e delta, aprendo la porta alla manifestazione e quindi alla percezione delle dimensioni temporali similmente al sogno. Chi entra in meditazione, magari ricorrendo ad una forma mentale immaginaria per arrivare alla assenza di pensieri o alla luce bianca, trova di solito una posizione comoda e ci resta immobile fino a quando ritorna dall'esperienza. Ho personalmente vissuto e visto molte persone tornare da questi autoindotti stati di coscienza ritrovandosi ad aver perso completamente lo scorrere del tempo, ed a volte l'uso momentaneo degli arti a causa del torpore. Analogamente a quando ci corichiamo la sera per svegliarci al mattino. Inoltre in meditazione i nostri occhi possono cominciare a muoversi come in fase REM e possiamo avere esperienze simili a quelle oniriche, rendendo così parzialmente comparabile questa pratica al sogno vero e proprio.

La meditazione permette di espandere consciamente la percezione delle dimensioni temporali e dello spazio-tempo interno tramite una proiezione interiore volontaria della nostra coscienza, di cui siamo inizialmente poco consapevoli perché poco allenati o perché non rientra nel sistema di ideologie dell'ambiente in cui viviamo. Se effettivamente la mente non distingue l'esperienza reale da quella immaginaria, come dimostrano effetto placebo e nocebo di cui c'è ampia testimonianza scientifica, sicuramente tutto ciò che sperimentiamo in questi stati influisce sull'equilibrio psico-fisico. E quindi sullo spazio-tempo/tempo spazio. Un sogno che poi si avvera può realmente cambiare la percezione dell'esistenza, alla pari di una meditazione molto profonda che suscita sensazioni così intense da farci scendere le lacrime dagli occhi.

Cosa è immaginario? Cosa è reale?
Come si possono distinguere nettamente le due cose?

Sperimentare consapevolmente le dimensioni relative di tempo e spazio presenti nel nostro immaginario ci può portare a rivivere il passato e proiettarci nel futuro. Un calmo ingresso può permettere di rivedere il passato, variandone eventualmente la nostra percezione; di accogliere il futuro, osservandolo meglio nella sua estensione temporale e nelle sue infinite possibilità; di visualizzare noi stessi nel presente, osservando dove è auspicabile un po' di manutenzione per riportare equilibrio. E' un po' come imparare una serie coordinata di movimenti, che sia uno sport o suonare uno strumento: lo sviluppo di una abilità. Mentre un ginnasta si muove più o meno liberamente percependo intensamente la dimensione spazio-tempo ed il suo rapporto con essa, un meditatore esperto può muoversi più o meno liberamente nella dimensione del tempo-spazio con il medesimo meccanismo. Entrambi, con l'allenamento, potranno usare all'occorrenza le loro abilità in maniera automatica, anche senza "riscaldamento" perché risultano integrate nell'essere.

Porsi poi la domanda se nella realtà quotidiana serva o meno l'esatta pratica che svolgiamo, è un altro discorso. Lo studio matematico di funzione che eseguivo alle superiori ora è praticamente inutile, ma ha permesso al mio cervello di esplorare zone peculiari della logica e di stabilire alcune connessioni tra neuroni a cui oggi sono sicuramente grato. Tali connessioni tornano utili nei rapporti sociali e quindi nella vita quotidiana in quanto predispongono il cervello ad una elaborazione meno rigida nell'esperire l'esistenza, aumentando l'adattabilità e le capacità di elaborazione. Esistono tecniche di meditazione che permettono di renderci strumento per cambiare le nostre convinzioni e di conseguenza il nostro rapporto con noi stessi, ovvero la nostra coscienza ed il mondo rappresentato nello spazio-tempo. Ho personalmente sperimentato un metodo di riequilibrio basato sulla meditazione e sull'ascolto intuitivo che aiuta l'individuo a risolvere nel presente i conflitti percepiti, interni od esterni a sè, passati presenti o futuri, e per quanto mi riguarda i risultati sono stati tangibili ed a volte rapidissimi. Tale metodo mi ha permesso di ampliare le percezioni nelle dimensioni del tempo e di modificare le informazioni contenute nel piccolo pezzo di Universo che mi delimita, portandomi a rivedere ed uscire da una serie di schemi comportamentali, sociali, lavorativi, che mi rendevano ingabbiato e discretamente infelice. Lo spazio-tempo è esplorabile in molti modi, sia fisici che mentali, ed aprirsi alla sperimentazione mentale aiuta a stimolare la neuroplasticità con benefici all'intero organismo.

Dopo aver brevemente descritto alcune caratteristiche riguardo al funzionamento di sogno, meditazione, veglia e spazio-tempo / tempo-spazio, passiamo alle tre lettere fondamentali di questo capitolo, DMT. E' l'acronimo di Di-Metil-Triptamina, una molecola/informazione con un altissimo potenziale di modificazione della percezione cosciente rispetto all'esperienza quotidiana. Essendo un allucinogeno potente, la sua assunzione può produrre vivide immagini caleidoscopiche, accentuazione e comparsa di colori e luci, distorsioni delle forme, turbinio intuitivo razionale, sollevamento del "velo di Maya". Sembra complesso? Vediamo due esempi:

"*Sono stato velocemente trasportato dal pensiero che non fosse veramente una droga, ma che in realtà fossi stato trascinato a forza in altre dimensioni. Mi dissociai completamente in una briciola di coscienza dentro un grande mandala sferico vibrante di colori e trame. Stranamente, sentii che la mia mente razionale veniva preservata durante questa corsa sulle montagne russe* [16]"

"*[...] E POI - Non esiste più James, un umano/primato nato da K e J che si trova a casa di amici a drogarsi. Cos'è una droga, in ogni caso? Come può un termine simile cercare di descrivere il vero essere, il vuoto soprannaturale? Questa non può essere una droga. Questa è vita. Società, ciò che ho compreso, valori, morale, memorie distinte e distanti, il mio ruolo, il mio essere, qualsiasi predisposizione - ANDATI. [...] Ho smesso di sentire il corpo molto tempo fa. [...] L'unica cosa rimasta era ciò che considero... la mia anima* [16]"

Queste sono testimonianze di persone che l'hanno assunta tramite il fumo e lungi da me incitare chiunque a provare sostanze di questo genere, soprattutto in assenza di un vero e proprio riferimento tradizionale esperto e di un ambito legale. Altre descrizioni, infatti, possono risultare alquanto confuse e quasi deliranti. Gli effetti di un simile spostamento percettivo e pressapoco istantaneo sono difficili da raggiungere con i mezzi forniti di serie dal nostro corpo, perché esso conosce il pericolo di un viaggio incontrollato nelle paure più profonde che portiamo dentro. Nonostante ci siano prove di come gli allucinogeni possano migliorare, se utilizzati accompagnati da una guida scientifica o spirituale, lo stato di salute di una persona con disturbi psicologici vari, credo che simili esperienze si possano provare più serenamente durante la meditazione: basta allenarsi a farle riconoscere dalla mente razionale e lasciare che le informazioni fluiscano in noi senza porre insensati sbarramenti. Alcune esperienze riguardanti l'utilizzo di questa droga le ho vissute in sogno o in meditazione, ma senza ricorrere a tale induzione esterna ed estrema. Sinceramente, preferisco meditare consapevolmente su ciò di cui ho paura piuttosto che venirci lanciato in mezzo alla massima potenza.

DMT ha una affinità strutturale molto marcata rispetto a melatonina ed altri composti presenti nella ghiandola pineale quali serotonina e triptofano, nonché a molti allucinogeni noti quali psilocibina e LSD. Quest'ultimo venne sintetizzato e scoperto per caso da Albert Hofmann ed immaginatevi lo shock quando lo provò sulla propria pelle, ma fu comunque usato inizialmente con successo per il trattamento di depressione ed alcolismo in psicoterapia. Purtroppo la sua diffusione come droga d'abuso durante gli anni settanta ha costretto i governi a limitarne l'utilizzo, forse anche per preservare le menti di chi inconsapevolmente si ritrovava nel turbine allucinatorio senza una appropriata guida.

Posto che la ghiandola pineale contiene molto triptofano, e che il triptofano è la base di sintesi per la DMT, indovinate un po' chi si candida ad esserne un gran produttore?

Il medico geriatra Rick Strassman condusse vari studi su questo allucinogeno e notò come l'epifisi ne rilasci quantità variabili intorno alle quattro del mattino, specialmente durante la fase REM[18]. La questione fu quindi capire se i pinealociti possano prendersi in carico la produzione di tale molecola oppure se la raccolgano dal sangue, in quanto partendo dal triptofano sono necessari alcuni passaggi biochimici che richiedono particolari enzimi al fine di ottenere DMT. Tali enzimi sono le indol-metil-transferasi, ed è stata accertata la loro presenza quantitativa nella ghiandola pineale[18][19]. Ci sono comunque altri tessuti che sintetizzano DMT al di fuori del cervello e la ritroviamo in vari distretti come feci, plasma, liquor del midollo spinale. Comincia a presentarsi un quadro interessante: allucinogeni potentissimi ovunque!

Alcuni scienziati giapponesi hanno scoperto che la barriera emato-encefalica (BEE) trasporta attivamente DMT all'interno del cervello, ed è senza dubbio il cervello la sede in cui questa sostanza agisce più potentemente stando alle esperienze che essa produce. E' altresì interessante vedere come la BEE, una struttura fisica bloccante l'accesso al cervello di numerosissime sostanze, si preoccupi di trasportare attivamente un potente allucinogeno al suo interno. L'assunzione orale di DMT, tuttavia, non provoca alterazioni di coscienza in quanto viene degradata immediatamente da enzimi chiamati monoammino ossidasi (MAO), quindi risulta necessaria una somministrazione endovenosa o polmonare per beneficiarne degli effetti. A meno che non si blocchino questi "distruttori" ...

Gli indios del Sud America utilizzano DMT da moltissimo tempo per i loro rituali religiosi e di guarigione, assumendola mediante una bevanda composta da due piante principali ed attraverso una cerimonia dalla eventuale durata di oltre quattro ore che avviene dopo il tramonto, preferibilmente con luna nera[21]... Sarà a causa di influenze gravitazionali e fotoniche indesiderate? La bevanda è chiamata ayahuasca e corrisponde al nome indigeno della liana Banisteriopsis caapi che è una delle piante componenti; l'altra pianta utilizzata è Psychotria virdis, in indigeno foglia di Chakruna, pianta contenente DMT. Il significato del nome ayahuasca è "liana dello Spirito" e viene considerata

Pianta Maestra per la sua capacità di dare esperienze visionarie e spirituali. L'importanza farmacologica della liana giace nella presenza al suo interno di sostanze chiamate beta carboline che fungono da MAO-inibitori, bloccando così la disattivazione della DMT introdotta per via orale e rendendo possibile l'esperienza "mistica". Come gli indios siano arrivati a questa combinazione tra le migliaia di piante presenti nella giungla amazzonica resta un mistero, ma danno grande lezione di farmacologia agli scienziati moderni. Interessante è notare come la stessa ghiandola pineale produca da sé un inibitore delle MAO, la pinolina, alla stregua di ciò che è presente nella bevanda ayahuasca: che sia una strategia del corpo per prolungare gli effetti della connessione allo Spirito, anche detto Divino? Improvvisamente, una cerimonia spirituale indigena sudamericana molto importante e risalente a tempi remoti si collega al sogno, alla meditazione, alla ghiandola pineale e ad un potente allucinogeno.

Stando a chi ha presenziato alla cerimonia, la raccolta della liana è un procedimento rispettoso verso lo Spirito in essa contenuto[21], un po' come avviene per le preparazioni spagiriche alchemiche. Il rituale prevede la purificazione dell'ambiente in cui si svolge e delle persone che vi partecipano, vengono narrati racconti legati al potere di questo Spirito, ed intonati canti particolari[20]. Che sia tutta una trovata per fare scena se ne può dubitare, in quanto la tendenza è nella conservazione della tradizione. Lo sciamano che conduce l'esperienza può chiedere agli spiriti di mostrare ai partecipanti segni per la loro guarigione, oppure può lasciare che ognuno segua la propria strada; se vede qualcuno incappare in difficoltà o "brutte vibrazioni" ha la facoltà di spruzzare una particolare acqua fiorita alla persona interessata. La consapevolezza dello sciamano in qualità di viaggiatore esperto è fondamentale per chiunque si addentri in questi meandri: egli conosce bene l'importanza della percezione, di come questa segni profondamente la coscienza, e fa del suo meglio per limitare le insidie di chi viaggia insieme a lui. Quanto ci si sente scomodi negli incubi?

Molte sono le testimonianze di guarigione fisica, emotiva, spirituale dovute all'utilizzo di questa bevanda: depressione e ansia, dipendenze, anche malattie croniche o in presunto stato terminale, e chi ottiene queste guarigioni evita bene di esporsi pubblicamente. Sono esperienze difficilmente comunicabili e l'incomprensione che ne potrebbe derivare è potenzialmente frustrante. La frustrazione alimenta il dubbio interiore, destabilizzando i risultati ottenuti. La capacità di ayahuasca nel mostrare alla coscienza intuizioni profonde sulla propria natura e sulla propria vita permette all'individuo una scelta più consapevole sulla direzione da prendere, portando spesso anche un aumento della creatività[20]. E la maggior parte delle persone ricorda vividamente tutta l'esperienza.

Dove agisce quindi DMT nel cervello? Molti studi confermano l'azione a livello dei recettori cerebrali per serotonina, dopamina, adrenalina, influenzando di conseguenza umore e funzioni cognitive, ma è interessante notare come sia l'unica sostanza riconosciuta ad oggi in grado di interagire con una classe di recettori detti sigma, presenti nel cervello e anche nella ghiandola pineale. Che l'evoluzione abbia posizionato un sistema di riconoscimento molto specifico all'interno di questa ghiandola è da tenere in considerazione. Avete mai visto un pesce ricoperto di peli? Ad ogni circostanza segue un contorno adeguato. Questi particolari ingranaggi sigma regolano il rilascio di neurotrasmettitori e sono coinvolti nei processi di apprendimento e memoria[22] ma anche nella depressione, riportandoci all'utilizzo primordiale di un cerimoniale ayahuasca.

Emerge così una importanza non solo biochimica stretta per questa sostanza di nome DMT, dato come essa interagisce a vari livelli sui circuiti cerebrali, ma anche psicologica ed intrecciata al risveglio della coscienza verso la consapevolezza; ciò permette a noi di alzare il velo sull'uso sciamanico aiutandoci a pesare meglio i fatti osservati. Indubbiamente il suo utilizzo non è solo a scopo ricreativo ed il fatto che tale sostanza sia fisicamente collegata a processi di apprendimento ritorna nelle esperienze raccontate, in cui spesso viene appresa una lezione su sé stessi. Un po' come avviene alcune volte nel sogno e nella meditazione, ma vivendo un'esperienza spinta ai massimi livelli. La produzione di DMT nella ghiandola pineale può alimentare la nostra fantasia, ma verosimilmente ne attesta l'importanza per un ipotetico colloquio con il Divino. Importanza che, vedremo a breve, entra in risonanza con molte tradizioni del passato.

Ultimo elemento interessante da considerare è una caratteristica chimico fisica di questo allucinogeno. Nick Sand, uno dei primi fautori della sua sintesi chimica, scoprì che i cristalli di DMT hanno un comportamento sia piezoelettrico che piezoluminescente: in presenza di vibrazioni, compressione o campi elettromagnetici essi producono fotoni multicolore[16]. Comportamento interessante da esibire in una ghiandola contenente cristalli piezoelettrici di idrossi-apatite, i quali possono di conseguenza stimolare il rilascio di fotoni anche in presenza di minuscoli cristalli di DMT! Ancora ci manca il tassello fondamentale per vedere l'importanza di questi fotoni, ma nelle prossime righe sarà tutto più chiaro. Ciò che è importante ricordare giace in sogno e meditazione, e nella sua funzione di sollevamento del velo di Maya assieme alla "Pianta Maestra".

Terzo Occhio?

Ora che abbiamo compreso come questa ghiandola possa favorire il contatto con un campo o stato di coscienza mediatore di guarigione, intuizioni profonde e fervide percezioni visive, non ci resta che dispiegare il più famoso dei suoi soprannomi: il Terzo Occhio.

Anche qui la scienza ci viene incontro e dobbiamo passare attraverso le strutture molecolari della visione. Esistono proteine in grado di tradurre il segnale luminoso, la famiglia delle opsine, comuni in molti vertebrati e presenti nell'organismo umano. Nei nostri occhi, incastonati nelle membrane cellulari dei bastoncelli, si trovano dei particolari ingranaggi chiamati rodopsina i quali utilizzando la vitamina A convertono gli stimoli luminosi in un linguaggio comprensibile alla coscienza. Questa vitamina reagisce alla luce cambiando la sua conformazione molecolare, ciò cambia la struttura nello spazio-tempo della rodopsina permettendo il passaggio di un segnale elettrico che si propaga nel sistema nervoso, il quale poi decodifica il messaggio integrandolo con altre aree del cervello dando luogo alla visione ed all'interpretazione dei simboli. Il complesso di vitamina e recettore è sensibile a deboli intensità di luce.

Altre opsine diverse si trovano nei coni e sono sensibili alla radiazione elettromagnetica corrispondente a rosso, verde e blu, mediando la visione diurna.

Non tutte queste proteine sono implicate nel fenomeno visivo a cui siamo abituati assistere quotidianamente. Alcune si trovano sulla pelle, all'interno dei melanociti, altre sono ben nascoste e si trovano nel cervello, a livello di talamo e ipotalamo[24]. Ne esiste una particolare sulla retina che viene coinvolta nel rilascio della melatonina. Queste strutture integrano la nostra esperienza dei fenomeni luminosi comunicando stimoli che vanno oltre la classica visione, ma sono comunque associati ad essa ed ampliano le possibilità di comunicazione mediata dalla radiazione elettromagnetica, permettendone la conversione anche in stimoli ormonali come abbiamo visto per la melatonina.

Nella ghiandola pineale di molti vertebrati sono state trovate proteine di questa famiglia ed in certi casi essa conserva ancora le caratteristiche di visione nel campo UV[25]. Alcune specie di rane e lucertole presentano un vero e proprio terzo occhio aggiuntivo che si trova al centro della fronte, richiamando alla mente la simbologia diffusa in India tra la popolazione che evidenzia un punto proprio presso la stessa zona. Lo sviluppo filogenetico - di specie in specie - di questo occhio durante i millenni lo ha portato ad inserirsi al centro della testa, ben protetto da eventuali danneggiamenti e mantenendone intatte le proprietà visive con l'apporto di alcune modifiche.

All'interno dell'epifisi umana è presente la sopra menzionata rodopsina e considerando che la luce penetra comunque attraverso il cranio[26] possiamo dedurre che il tessuto ghiandolare assume un vero e proprio ruolo nella decodifica dei fotoni. Comprendiamo allora come ipoteticamente sia possibile percepire i potenziali fotoni emessi dalla DMT sotto lo stimolo piezoelettrico dei cristalli di idrossi-apatite, aggiungendo un ulteriore tassello alla nostra conoscenza. Inoltre troviamo, interna alla ghiandola, un tipo di innervazione che trasporta il segnale all'esterno del sistema nervoso centrale, inducendo a presupporre un ruolo diretto nella comunicazione con il corpo. Il mistero si infittisce. O si dipana. Non solo abbiamo una sostanza allucinogena che se opportunamente stimolata invia segnali di tipo meccanico, elettromagnetico, luminoso o psichico, ma abbiamo anche la possibilità di decodificare questi messaggi attraverso le peculiari molecole della visione. E, sicuramente, tale sostanza provoca uno sconvolgimento momentaneo della percezione cosciente spesso favorendo la progressione della consapevolezza.

Usciamo ora dalla scienza, che ancora non ha spiegato tutti i fenomeni esperibili dall'uomo. La scienza è uno strumento che, nonostante gli incredibili vantaggi apportati negli ultimi decenni, ha aumentato esponenzialmente la frammentazione dell'Universo in pezzi sempre più piccoli, dei quali però si è perso il significato globale. E, persi nel labirinto delle informazioni, abbiamo dimenticato le origini da cui la scienza ha preso forma. Senza conoscere il passato, infatti, è difficile comprendere il presente e ancor di più costruire un futuro. Cominceremo quindi a porci alcune questioni fondamentali che hanno caratterizzato l'esperienza dei nostri antenati, qualche migliaio di anni or sono.

Siamo tutti d'accordo, vista la quotidiana esperienza comune, che viviamo in una situazione di confine: piedi ancorati a Terra, testa direzionata al Cielo, e noi nel mezzo. Siamo collegati alla Terra per mezzo dell'attrazione di gravità, e siamo collegati al Cielo da luce e calore del Sole e dall'attrazione mentale che chiunque prova di fronte alle miriadi di stelle che illuminano le infinità del cosmo. La differenza sostanziale tra Terra e Cielo è dunque facilmente ricavabile e riguarda il rapporto tra due polarità opposte, distinte: Terra e Cielo, Yin e Yang, particella e onda, freddo e caldo, femminile e maschile. Terra è direttamente esplorabile con il corpo fisico, Cielo ancora no. Terra è sicuramente delimitata nello spazio, Cielo chi lo sa. Per quel che ci è dato intuire, in assenza di tecnologia adeguata, siamo di fronte a due concetti distinti, che comunicano sensazioni distinte, e se ricordiamo che tutto è energia vibrante allora parleremo anche di due energie o vibrazioni distinte. La nostra condizione tra Terra e Cielo è quindi sottoposta all'interazione con queste due polarità, ci comunica in qualche modo. Possiamo dunque azzardarci a definirci come il terzo termine, la mediazione tra Terra e Cielo, tra finito ed infinito: un ruolo che ci apre le prospettive ad infinite possibilità sia di conoscenza che di azione, in funzione delle informazioni che accogliamo da Cielo e trasmettiamo a Terra - come potrebbe essere l'idea di costruire qualcosa, o che accogliamo da Terra e trasmettiamo in Cielo - come ad esempio una preghiera.

Brevemente, introduciamo la decodifica del corpo secondo alcune filosofie orientali che da tempi remoti ne hanno studiato gli aspetti energetici e vibrazionali. Consapevoli del fatto di essere dualmente composti dalla materia densa del corpo e dalla materia sottile del pensiero, con gli strumenti disponibili al tempo hanno studiato ciò che era loro più semplice: la materia sottile tramite la percezione del pensiero. Quali particolari tecniche utilizzarono non è dato sapere ma ne sono emerse diverse interpretazioni tra cui il sistema dei chakra, centri energetici principali che gestiscono i flussi "invisibili" o "sottili" di Terra e Cielo, sette in numero come le note musicali, ognuno con la propria vibrazione caratteristica e con una localizzazione precisa a livello fisico. Il primo, la radice, si trova nella zona del perineo ed è collegato a Terra da un canale; il settimo, la corona, si trova sopra la nuca ed è collegato similmente a

Cielo da un altro canale; i restanti si trovano lungo l'asse di collegamento tra queste due estremità.

Il Terzo Occhio o sesto centro sottile corrisponde anatomicamente alla zona della fronte, analogamente al posizionamento fisico della ghiandola pineale. Nonostante alcuni autori ascrivano la ghiandola pineale al settimo chakra, che appartenga all'uno o all'altro a noi poco importa in questo momento: essa è comunque parte di un modo di osservare la realtà della percezione mentale, realtà dai segreti tramandati solo ad alcuni "iniziati" per secoli e secoli. Essendo l'essere umano un intero risultante dalla somma delle interazioni tra le sue parti, dobbiamo sicuramente prendere in considerazione altre strutture per far funzionare al meglio la nostra ghiandola pineale. Il sesto chakra ha la funzione dell'intuizione, della visione interiore, ciò che comunemente viene chiamato sesto senso, ed è collegato anche all'ipofisi o ghiandola pituitaria, su cui ritorneremo presto. Il mantra o suono collegato da emettere anche solo col pensiero per entrare in risonanza con questo centro sottile, stimolandone l'attivazione è Aum, pronunciato come "ooooommmmm": il suono primordiale che secondo la tradizione ha dato origine alla Creazione, e che serve anche a favorire la sintonizzazione del cervello sulle onde cerebrali theta.

Per la sua natura "celata" alla maggior parte delle persone tale insieme di centri energetici viene chiamato corpo sottile, quasi a sottolineare la necessità di una certa "acuità visiva" per osservarlo. Ricordiamoci sempre che la scienza ha cominciato a vedere le cellule solo a seguito di un progresso tecnologico acquisito nel tempo, ricordiamoci che quando nel 1500 qualcuno diceva "l'uomo volerà" la maggior parte delle persone lo giudicava pazzo. Oggi, oltre ad avere tute per paracadutismo in stile scoiattolo volante, è possibile analizzare il campo energetico della persona attraverso uno SQUID[33], interferometro a superconduttività quantistica, quindi non siamo molto distanti dal portare alla luce altre scoperte ora erroneamente giudicate insensate. Sospendiamo il più possibile il giudizio e saremo sulla giusta strada.

Gli antenati descrissero anche la struttura a petali, il colore e le funzioni associate a tali centri energetici, ma non solo, e ciò che è stato qui introdotto rappresenta solo una minima parte. I chakra, chiaramente, possono presentare dei problemi di funzionamento come avviene nel corpo fisico. Maggiori sono gli attriti od i problemi nell'espressione di sé stessi, minore è il flusso libero dell'energia vitale in tutte le cellule del corpo. Lo continuano a tramandare da migliaia di anni per cui evidentemente è qualcosa di importante, non credete?

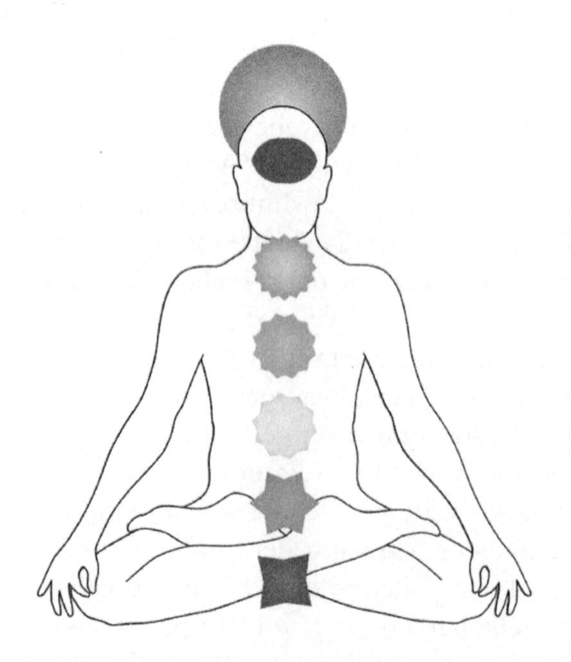

Figura 3. Schema sulla distribuzione dei chakra. Dal basso, rosso, verso l'alto, viola, ognuno dei centri ripresenta i colori dell'arcobaleno.

Valutiamo ora anche una dottrina mistica esoterica che fa risalire le sue origini agli insegnamenti tramandati presso gli egizi, la massoneria. L'esoterismo, per approssimarne una descrizione in brevissimo, è una disciplina che studia le relazioni causali nei mondi visibili ed invisibili, seguendo in genere il significato del detto ermetico "carne all'uomo adulto, latte al bambino": alcune conoscenze saranno quindi accessibili da chiunque, altre solo da alcuni "iniziati" all'utilizzo di tali conoscenze. Secondo il massone di 33° grado - 33 come le vertebre - Manly Palmer Hall il più grande segreto della massoneria è la rigenerazione dell'uomo in essere Divino attraverso il risveglio della ghiandola pineale. Ogni grado corrisponde alla risalita di un'energia terrestre divina, chiamata kundalini nell'induismo, attraverso le vertebre e quindi di chakra in chakra fino ad entrare nel cranio, dove passando per la ghiandola pituitaria o Iside invoca la ghiandola pineale o Ra chiedendo il Nome Sacro, aprendo così l'Occhio di Horus[27], raffigurato in copertina.

Si noti come divinità e simbolismo egizio siano presenti nella sua descrizione, fornendoci uno spunto di riflessione sull'importanza dell'Antico Egitto. Iside corrisponde alla dea della maternità, fertilità, la Terra è Madre, rappresenta quindi energia terrestre; Ra è il dio del Sole, sovrano dell'intero creato, arriva dal Cielo e vi dimora, è dunque energia cosmica. Horus è figlio di Iside, è colui che sconfisse Seth ovvero l'assassino di suo padre Osiride, è protettore dei faraoni e governatore d'Egitto nella mitologia, è combinazione di energia terrestre e cosmica avendo la Luna come occhio sinistro ed il Sole come occhio destro, e vince l'oscurità abbattutasi su di lui mostrandoci cosa vuol dire essere "iniziati". Parleremo dettagliatamente dell'Occhio di Horus, un simbolo che lo riguarda, nel prossimo capitolo, in quanto rappresenta il terzo elemento utile per completare la rinascita divina. Il Nome Sacro è interessante ed è la Chiave di apertura verso il Divino: valutando il fatto che noi, interposti tra Terra e Cielo, siamo il terzo termine che è quello di mediazione e portiamo un Nome proprio - nella religione cristiana sancito dal battesimo assieme al relativo sigillo - ognuno di noi potrebbe avere il proprio codice di accesso univoco a questo portale di rigenerazione, come definito da Hall. Come dei piccoli computer. Ricordiamoci che abbiamo una impronta "digitale" univoca che ci caratterizza fisicamente ed energeticamente, in tutte le nostre forme di vibrazione. Così l'apertura dell'Occhio di Horus può essere esperita da tutti, ma ognuno risulta avere una modalità di accesso diversa e di conseguenza un'esperienza diversa: c'è chi passa attraverso la beatitudine e chi attraverso la privazione, chi ci arriva vincendo le tentazioni e chi colmandosi di gioia. Tutti hanno in comune una esperienza di magnitudine inimmaginabile.

L'energia terrestre divina kundalini staziona silente avvolta come un serpente a livello del primo chakra, il collegamento con la Terra. La ghiandola pituitaria è la porta d'ingresso nel cervello di kundalini che, risalendo la spina dorsale attraversando i centri del sistema energetico, incontra l'energia cosmica maschile in ingresso dalla ghiandola pineale, la quale funge da porta verso le infinite dimensioni dell'Universo; quando queste due vibrazioni si incontrano in modo bilanciato aprono le infinite possibilità della percezione mentale, fisica e spirituale, avviene una sorta di "iniziazione". E' chiaro che, come in tutti i fenomeni di comunicazione, l'interazione tra queste due polarità sarà determinata dalle loro caratteristiche peculiari, dal loro livello di coerenza con la "musica delle sfere" o armonia universale, per cui molto spesso il loro incontro risulta in una sovrapposizione parzialmente armonica. Solo quando i centri energetici sono allineati e ripuliti dalle disarmonie è possibile una circolazione libera dell'energia, che scorre massiccia permettendo a maschile e femminile di fondersi appieno per generare l'estasi mistica, un vero orgasmo cerebrale: l'illuminazione. Con tale esperienza si è formalmente Iniziati, senza più virgolette. Il flusso di coscienza che si genera in questo caso è descritto come sensazione di onniscenza, ed è proprio questa la chiave di funzionamento del Terzo Occhio: la visione intuitiva del Tutto tramite la fusione armonica delle energie maschili e femminili. Il luogo fisico in cui tale generazione avviene è tra i due occhi, come effettivamente lo sono entrambe le ghiandole. Tutto teoricamente interessante ma... in pratica?

Se vogliamo procedere con la gestione delle due energie per risvegliare questa funzione vitale possiamo aiutarci imparando a percepirle e conoscerle, per meglio comprenderle; la comprensione porta ad aumentarne la consapevolezza, la quale permette di gestirle meglio. Meditando si possono sperimentare le differenze con semplici esercizi. Per sperimentare l'energia terrestre si può facilmente abbracciare un albero ed identificandosi con esso si prova a sentire su noi stessi l'effetto del suo attaccamento alla Terra tramite le radici. La migliore identificazione si ottiene amando l'albero e chiedendo con Amore di mostrarci ciò che desideriamo apprendere, senza poi rimanere agganciati alla nostra richiesta ma accogliendo la risposta senza aspettative. In funzione della sensibilità individuale, ma non usate queste descrizioni come previsioni nel vostro esperimento, si possono irrigidire o appesantire le gambe, si scaldano i piedi, si bloccano le caviglie, mostrandoci di che natura densa sia prevalentemente composta questa energia/vibrazione. Effettivamente, Terra è sostanza, possiede la forza giusta per dare stabilità alla forma materiale ma essendo circoscritta ha possibilità limitate. L'albero, fortemente attaccato a terra, da lì non si muove. E toglietevi la vergogna di abbracciarlo! Dovrebbe essere naturale farlo. In fondo è principalmente grazie agli alberi che respiriamo.

Per l'energia cosmica basta mettersi comodi e rilassarsi guidando la nostra mente tramite l'immaginazione attiva: si vedrà come richiamando una spiaggia questa si possa formare molto rapidamente, sia ad occhi aperti che chiusi. Anche un bosco rende bene l'idea. Una semplice parola può mostrare uno scenario, si può saltare rapidamente da un'immagine all'altra, per poi vedere scomparire tutto in un attimo. E' un'energia plastica, creativa, ha la forza giusta per mostrare la forma di ogni cosa ma non quella necessaria a renderla stabile nel tempo.

Queste due forze sono insite nella natura dell'uomo e del luogo in cui abitiamo. La Terra di per sé porta il seme, ma è l'energia cosmica del Sole a permettergli di germogliare e svilupparsi; solo dalla Terra il seme ricava tutte le sostanze minerali di cui ha bisogno, e solo grazie alla luce che è pura informazione si rende possibile la solidificazione della sua struttura tramite la fotosintesi. E come il seme, ormai diventato pianta, analizzando i dintorni sente di avere più acqua e luce di quel che può metabolizzare e convertire nel formare la sua struttura, così solo il giusto bilanciamento delle due forze crea, sviluppa e stabilizza, lasciando il resto latente in potenza. La Terra ha dato la struttura al seme per diventare pianta, ed il Cielo ne ha permesso lo sviluppo delle informazioni genetiche. Questo esempio vale anche per l'uomo: il seme corrisponde alle abilità/informazioni di cui dispone, e la sua volontà riguardo tali abilità l'energia solare per materializzarne la struttura. I pensieri dell'uomo possono direzionarsi altrove e le sue abilità rimanere quiescenti, prive di forza per svilupparsi. E' solo quando le due energie convergono che effettivamente la conoscenza matura, l'abilità si radica nella coscienza, facendo nascere la pianta della consapevolezza.

Durante l'assunzione di DMT, durante la meditazione ma soprattutto durante il sogno molte persone sperimentano proprio i due effetti energetici/vibrazionali distinti: da un lato la rigidità del corpo, dall'altro la rapidità di stimoli al cervello. La manifestazione istantanea di queste forze in seguito all'assunzione di droga risulta sbilanciata ed incoerente nell'equilibrio abitudinario, il corpo sottile si sfasa velocemente dal corpo fisico per cui la sperimentazione è molto spesso duale. Nel sonno invece, essendo spenta la mente razionale che decreta la presenza secondo il detto "cogito ergo sum", si è in balia di ciò che entra in risonanza con noi senza poterne osservare razionalmente il flusso, e senza la possibilità di reagire con il corpo fisico. Scopriamo così l'importanza della meditazione, la pratica fisica e spirituale che mira generalmente all'equilibrio di corpo e mente, alla pace interiore utile ad affrontare qualsiasi viaggio, qualsiasi flusso. Essa permette alla nostra coscienza, nel suo rapporto con il mondo interiore e di conseguenza esteriore, di interagire al meglio con le forze di Terra e di Cielo favorendo una conoscenza più stabile e ripetibile nel tempo rispetto alle fugaci impressioni di sogni e droghe.

Nel libro inglese "The Occult Anatomy of Man" tradotto "Anatomia Occulta dell'Uomo" Hall riferisce come la ghiandola pineale secerna un olio chiamato resina, su cui sembra l'ordine mistico dei rosacroce alle origini vi lavorasse con l'intento di stimolarne la produzione per aprire il Terzo Occhio ma presente anche nelle tradizioni orientali. Parla anche di un'estroflessione vibrante all'estremità della ghiandola che prende il nome di bastone di Jesse o scettro dei grandi sacerdoti, la quale viene fatta vibrare con particolari esercizi causando un ronzio nel cervello conseguente alla sua attivazione[27]. Tale esercizio rappresenta una semplice forma di allenamento specifico per questa piccola zona del nostro mini Universo, per stimolare una parte fisica che ha funzioni anche spirituali. Fermiamoci ancora un momento a riflettere:

Esistono dei particolari esercizi per stimolare questa ghiandola? Ed esistono particolari "additivi miracolosi contro la carie" per velocizzare la sua calcificazione? Mi si confondono leggermente le idee.

Credo di aver sperimentato una blanda attivazione dell'Occhio della mente in più situazioni della vita. La prima volta in assoluto che vidi qualcosa di strano fu durante un periodo molto spirituale e scientifico, in cui mi godevo qualche mese di libertà studiando qualsiasi cosa attirasse la mia curiosità. Mentre parlavo con un amico in biblioteca guardandolo dritto in volto, quando mi disse che gli indiani d'America considerano la Terra come paradiso improvvisamente non vidi più i suoi tratti somatici: fu come essere abbagliato guardando il Sole, la sua faccia scomparve dietro questa iper-stimolazione dei miei coni e bastoncelli ma riuscivo a distinguere nettamente tutto il contorno. Ovunque spostassi lo sguardo questa impressione mi seguiva, come avviene con l'abbaglio del Sole, così chiusi gli occhi ed emerse un simbolo, che riprodussi accuratamente. Notai che battendo velocemente gli occhi riuscivo a ravvivare l'immagine e vederne più a lungo i dettagli. Quel simbolo nulla aveva a che fare con alcuna forma di luce fisicamente presente nei dintorni, tantomeno mi accecai fissandone una in quanto stavo guardando l'amico dritto in volto e non vi erano altre luci presenti nel mio campo visivo. Ritrovai lo stesso simbolo qualche giorno dopo e corrispondeva ad una lettera in lingua ebraica, ma risultava speculare. Ho ricordato di essere mancino.

Come fu possibile tutto questo, visto che non conosco un tubo di ebraico? Cosa e come aveva impressionato i miei coni e bastoncelli in quel modo? Cosa poteva significare quel simbolo? Scelsi di catalogare l'esperienza secondo criteri razionali. Avevo vissuto e sperimentato un altro tipo di visione, che funzionava impressionando la mia retina o il mio cervello in modo simile a quello del Sole, e ciò era un dato di fatto indipendente dalla personale interpretazione del simbolo. Tale visione intuitiva era dipesa da una condizione di apertura verso l'ignoto, dal desiderio di ricerca nel tentativo di colmare l'ignoranza scolastica, ma soprattutto dalla certezza di essere soggetto ad un flusso vitale di cui si descrive la meccanica ma non se ne conosce il profondo mistero. La singola esperienza può risultare sconvolgente ad una persona impressionabile, ma avevo la necessità di ulteriori esperienze per potervi applicare i criteri della scienza. Un conto, infatti, è ritrovarsi inconsapevolmente dentro ad un fenomeno e subirne gli effetti, altro discorso è invece poter replicare l'accaduto a comando e quindi consapevolmente, dando prova di aver compreso almeno alcune leggi che lo regolano.

Proseguii quindi nelle indagini, alla ricerca di ulteriori esperienze. Qualche tempo dopo entrai normalmente nella cucina della casa dove abitavo, alle undici di sera era buio ma prima di accendere la luce qualcosa attirò il mio sguardo verso sinistra. Lanciai un'occhiata nell'oscurità e vidi distintamente un occhio di uomo/uccello che mi scrutava da due metri circa di distanza, un tantino inquietante e di circa mezzo metro di larghezza. Ebbi una voglia istantanea di accendere la luce e vederlo scomparire, e così fu. Anche questa esperienza accadde senza cercarla direttamente.

Mi accorsi allora che poteva essere utile cambiare tecnica per sondare tali fenomeni percettivi, provai a meditare. Durante una meditazione, in pieno giorno, capitò che con gli occhi chiusi vidi improvvisamente una luce intensa di colore verde, sbocciata dal basso del campo visivo, che dopo aver riempito l'intera area della palpebra in qualche secondo si spense. Pure questo fenomeno apparve senza apparenti motivi, ma almeno ci fu la ricerca consapevole di ricevere un segnale. Mi resi tuttavia conto che qualcosa di particolare avveniva anche ad occhi aperti. Spesso guardando il cielo terso noto dei puntini luminosi compiere traiettorie curve, a volte a spirale, a volte convergenti verso un unico punto, scoprendo con il tempo che non tutti li vedono: per alcuni appaiono solo se si concentrano, altri li vedono non appena fermano lo sguardo, altri ancora li percepiscono addirittura di colori diversi, mentre per altri non esistono affatto. Dove sta quindi la normalità? Nel vederli o nel non vederli? E soprattutto: cosa sono? Ho tuttora la sensazione che, potendo essere percepiti concentrandosi, siano fenomeni che riguardano la visione con il Terzo Occhio, una esperienza quindi che va oltre la realtà fisica e che permette di palesare altri tipi di realtà nascoste; come incontrare un amico camminando in un bosco ed incontrarlo al bar: cambiando le condizioni nell'Universo, cambiano le interazioni con esso. Chiaramente, non andando al bar mai si avrà nemmeno l'occasione di sperimentare l'amicizia sotto quel punto di vista, perdendosi una parte di conoscenza.

Una particolare occasione segnò la mia coscienza in quanto ci fu la precisa correlazione tra la mia percezione mentale e la risposta nel mondo fisico attorno a me. Mi trovavo in spiaggia una sera d'estate con due cari amici a sperimentare lo stato meditativo, quel giorno volevamo cogliere l'essenza degli elementi. Ognuno di noi impersonava l'elemento di cui si sentiva più partecipe, così io fui fuoco ed i due amici acqua ed aria. Ad occhi chiusi mi misi in ascolto dell'energia/vibrazione che circolava nel gruppo, lasciandomi andare e ritrovandomi in breve ad ondeggiare come una bandiera stimolata dal vento; provai ad aprire gli occhi e vidi uno dei due, elemento aria, che ruotava le mani simulando il Tao. Ricordiamo inoltre tutti bene l'evento che a me personalmente segnò in profondità, il frangente in cui mi proposi di accendere un fuoco immaginario. Essendo segno di fuoco con ascendente fuoco mi sembrava un esperimento semplice, un gioco da ragazzi. Appena lo vidi distintamente come in un sogno lucido accendersi nella mia mente, nel medesimo istante qualcuno esclamò "uh!". Lo feci bruciare molto intensamente, alzando le vivide fiamme immaginarie e colorate a più metri di altezza, per scoprire poi che l'elemento acqua si sentì tante fiammelle su tutto il corpo come se fosse entrato in ebollizione. Molte altre correlazioni si mostrarono a noi quella sera nelle due ore che ci unirono in quell'esperienza: quelle molto evidenti alla mia attitudine da ricercatore scientifico le ho elencate qui, altre di molto interessanti riguardarono il nostro spirito e la situazione meteorologica, ma le ometto per evitare di rendere il tutto metafisico. Anche queste altre evidenze si fissarono nella nostra coscienza. Fondamentale in questa esperienza fu comprendere in tempo reale ed in prima persona come l'energia immaginaria di Cielo riuscì nella modifica a Terra di alcune proprietà percettive materiali nelle coscienze coinvolte. Ciò può fornire un esempio di come una blanda apertura dell'Occhio di Horus possa modificare istantaneamente la percezione della realtà condivisa, tramite modi diversi in funzione delle caratteristiche individuali, ed ampliare gli orizzonti riguardo agli influssi della coscienza collettiva. L'influenza fisiologica di un intento su altre persone in stato meditativo è confermata anche da studi scientifici in cui due persone che meditano insieme dopo qualche tempo esprimono le medesime frequenze delle loro onde cerebrali, con ritmi molto simili, o reagiscono a stimoli luminosi diretti all'altra persona.

Siamo normalmente spaventati da tali manifestazioni, ed è comprensibile non essendo stati formalmente istruiti sulla loro esistenza. Ricordiamo come nei secoli bui la Chiesa diede caccia alle streghe e condannò in vari modi chiunque affermava realtà diverse dalla dottrina ufficiale. Nessuno doveva rendere pubbliche le capacità di ogni essere umano, dovevano rimanere confinate in una zona di comfort per i pochi che ne godevano del potere o semplicemente lo custodivano; anche per questo ultimo motivo nacquero le società segrete: dareste mai una katana a vostro figlio per giocare con i suoi amici? Ci sono molti aspetti da considerare sulla segretezza di alcuni insegnamenti, e lo stesso Galileo rischiò grosso pur parlando di fatti provati. Abbiamo scoperto oggi come tali traumi possano essere tramandati via DNA mediante modifiche epigenetiche, le quali cambiano il funzionamento e l'espressione dei geni in funzione della necessità dell'individuo nel suo rapporto con l'ambiente. Tali modifiche permangono nel tempo fino a quando qualcosa irrompe nel meccanismo cambiando la programmazione nell'espressione delle informazioni genetiche, generalmente un evento o una situazione di adattamento ambientale.

Immaginiamo una madre medievale che semplicemente conosce la forza della mente e ciò che chiama "magia"; è in compagnia del figlio e stanno raccogliendo amorevolmente delle radici per curare il padre ammalato. La madre ha già aiutato alcune persone a guarire da malattie gravi, "si dice" che abbia strani poteri. Arriva un carro da cui smonta la Santa Inquisizione, che preleva entrambi e la porta in piazza. Prepara un rogo utilizzandola come combustibile e sotto gli occhi del figlio pone fine atrocemente alla sua vita, accusandola di stregoneria davanti agli spettatori colmi di terrore. Ponendo il caso che il figlio inerme si spaventi e si sottometta alla volontà degli esecutori, con che coraggio potrà mai vincere la paura di morire per esprimere ciò che naturalmente è? Per istinto di autoconservazione metterà un "sigillo" genetico su queste abilità, sigillo che tramanderà per generazioni sia tramite il suo comportamento ed i suoi insegnamenti sia epigeneticamente a persone che oggi, ormai senza più cognizione della causa primaria, rifiuteranno naturalmente tutta questa "magia" magari deridendo chi pratica queste attività. E senza mai porsi nemmeno il dubbio sul comportamento che essi stessi esprimono. Sembra logico, no? Quanti comportamenti teniamo nei confronti della società, del nostro prossimo, che hanno radici a noi sconosciute, magari in episodi relativi alla nostra infanzia che non ricordiamo, e che eventualmente ci causano attriti? Quante volte la colpa è del prossimo perché la nostra "normalità" è diversa dalla sua?

Risulta chiaro come a diversi livelli di intensità noi tutti sperimentiamo l'utilizzo di queste facoltà, più o meno volontariamente, senza saperle distinguere o ripetere a comando. Come un sogno che si avvera, sono piccole espressioni di un potenziale che ci è spesso scomodo conoscere, perché tende ad escluderci facendoci sentire diversi dal prossimo, abituati o assopiti come siamo all'ordinarietà dei recinti di tutto quello che ci circonda. Ci fa quasi paura, mina ciò che conosciamo o crediamo di conoscere riguardo a noi stessi e su cui abbiamo costruito la nostra vita: la nostra identità, anni di schemi e programmazioni operati dalla società fin da prima della nostra nascita. Cerchiamo però di uscire da questi schemi imposti e di ricordarci come possiamo funzionare. Attingiamo piano piano a questo potenziale celato in noi, prendendoci gradualmente le responsabilità del nostro operato, cominciando a porci tra Terra e Cielo in modo più consapevole. Così ora ci tuffiamo nel passato per vedere l'importanza di questo Occhio, congiungendo ancora qualche pezzo del puzzle in cui si trova inserito, e magari troveremo qualche spunto in più per conoscerci meglio.

Nel Passato

Le discipline mistiche e religiose di ogni tempo si sono interessate al funzionamento della ghiandola pineale come porta di accesso verso il "Divino", il "Tutto", attribuendo a tale esperienza di accesso le caratteristiche che possiamo immaginare e che son ben descritte nelle esperienze di estasi mistica e religiosa di tutti i tempi. La tradizione mistica occidentale, in particolare, affonda le sue radici nelle conoscenze dell'Antico Egitto, luogo in cui religione e misticismo erano praticamente uniti; da tali conoscenze derivano scuole esoteriche come massoneria e rosacroce, per citarne due di famose. Ne deriva anche la più comune e recente alchimia, in cui venne utilizzato un lessico simbolico per trasmettere gli antichi insegnamenti tra le righe onde evitare la persecuzione ideologica, soprattutto da parte della Chiesa. Dati i ricorrenti riferimenti alla tradizione egizia, apparentemente presso il Nilo dimoravano cultura e sapienza d'importanza cruciale per l'uomo, e tale collegamento è ancora visibile osservando gli obelischi di stampo egizio presenti in numerose città geograficamente distanti tra loro: Londra, Roma, Parigi, New York. Uno addirittura è stato eretto a Washington per commemorare George

Washington, membro della massoneria e primo presidente americano. Che motivo c'è di posizionare tali strutture dove nulla hanno a che fare architettonicamente con il resto? L'unica ragione può essere quella di un simbolo culturalmente importante, che presumibilmente trascende l'esclusiva bellezza. Ne tralascio la discussione sull'utilizzo come strumento di meditazione alla stregua di un'antenna, ma offro l'ipotesi come spunto di riflessione ed eventuale approfondimento personale. Strutture simili si trovano anche in Giappone presso i templi shintoisti, e ricordano i più grezzi menhir.

Sondando nel passato troviamo presso i sumeri una delle prime testimonianze storiche riguardante la simbologia associabile alla ghiandola pineale: una sagoma di uomo-uccello spesso raffigurata con una sorta di pigna in mano, usata come uno strumento. E' un semi-dio chiamato Apkallu, uno dei sette saggi mandati dal dio Enki sulla Terra per insegnare arti e principi generali della vita; simili descrizioni di civilizzatori sono presenti in molte tradizioni antiche. Essi arrivano, generalmente, dal cielo o dal mare, compiono il loro dovere nell'istruire i popoli prescelti e poi se ne vanno allo stesso modo in cui sono venuti. Sinceramente, non ho mai visto nessuno di questi tempi utilizzare una specie di pigna come strumento per istruire l'umanità. A parte nelle lezioni di botanica. E' tuttavia chiaro che tale strumento possa rappresentare anche altro, ma è assai interessante la simbologia rappresentata data, in ogni caso, la precisione della raffigurazione. Tale figura mitologica o reale, perché data l'immensità dell'Universo risulta difficile essere certi di quanto l'immagine sia puramente metaforica, presenta delle analogie marcate con alcune raffigurazioni egizie tra cui Horus e Ra, e sembra di intuire che avere la testa di uccello sia quasi una caratteristica importante per essere riconosciuti come saggi o divinità.

Figura 4. Apkallu. Al pari di altre raffigurazioni dell'epoca con la testa umana, sorregge un oggetto similare ad una pigna.

Figure 5 e 6. Ra, sinistra, e Horus. Il simbolo sopra la testa di Ra può simboleggiare il Sole avvolto dall'energia terrestre.

Comincia così ad apparire anche un altro simbolo molto importante: il serpente. Spunta fuori da sopra la testa nelle immagini delle divinità che vediamo, ma quando si tratta di ritrarlo per i faraoni spunta proprio dal centro della fronte, dove viene spesso raffigurata una protuberanza nel Buddha, o dove gli induisti dipingono un cerchio rosso in fronte. Che singolare coincidenza! Sembra quasi un indizio che al centro del cranio esista qualcosa di importante.

Vediamo un po' cosa ci suggeriscono questi due animali tanto utilizzati nelle raffigurazioni, cercando di escludere per semplicità una reale immagine di uomo con la testa di uccello che dialoga e passeggia normalmente oppure quella di una persona che cammina con un serpente sopra la testa. Tutto comunque può essere, ribadiamolo ancora: l'Universo è talmente vasto che non possiamo escludere con certezza assoluta l'esistenza di alcune "strane" forme di vita, sarebbe un comportamento arrogante e pregiudizievole da parte nostra, cosa che vogliamo evitare. E' sempre meglio essere pronti ad una eventuale interazione piuttosto che rifiutarla a priori, ma senza farsi troppo influenzare da tale pensiero. Sempre bene sospendere il giudizio.

L'uccello è la forma di coscienza a sangue caldo più svincolata di tutte dalla gravità. Con un rapido batter d'ali si stacca dalla Terra per librarsi nel Cielo, quasi a suo piacimento. Tale libertà di movimento vista come possibilità di elevarsi verso il cosmo è senza dubbio di grande ispirazione per l'uomo. Chi, guardando un cielo stellato, non si è fatto qualche domanda sulla vastità di ciò che ci circonda e che potenzialmente non conosce? Una testa di uccello può significare quindi la capacità mentale di svincolarsi dai ganci terrestri per viaggiare nei cieli, nell'oceano sconfinato di informazione potenzialmente "divina"; è un simbolo di energia celeste. Al contrario, il serpente è un animale a sangue freddo saldamente tenuto al suolo dalla gravità, costretto a strisciare per la mancanza di zampe. L'impossibilità di movimento senza far aderire il suo corpo al terreno lo àncora all'energia tellurica più di molte altre forme di vita, diventando così simbolo di energia terrestre.

Ecco che tornano le due vibrazioni affrontate in precedenza: maschile e femminile, Cielo e Terra necessari a risvegliare l'Occhio di Horus. La testa di uccello di apkallu e divinità egizie sarebbe giustificata dal libero accesso di questi civilizzatori e divinità ai celesti, "divini" piani di conoscenza e coscienza, proprio perché vi partecipano. Per loro l'energia terrestre kundalini risale oltre la corona del settimo chakra e potrebbe simboleggiare un'unione maggiore con il cielo, che giustificherebbe il loro stato di divinità. Il serpente che si mostra dalla fronte del faraone diventa simbolo dell'energia terrestre femminile nell'uomo, kundalini, che risale dal coccige e raggiunge la ghiandola pituitaria come proposto da Hall. Possiamo estendere il nostro ragionamento anche alle corone di re e regine, oggetti di potere molto elaborati alla stregua dei mille petali raffigurati per il settimo chakra, e posti alla sommità del capo proprio a livello del relativo centro sottile. Il potere regale è sicuramente elevato e paragonabile a quello esercitato dai faraoni in quanto entrambi sono sovrani di un popolo, e come tali direzionano corpi e menti dei loro sudditi. Un simbolo antico prende così posto accanto ad uno moderno, mostrandoci come si tramandano le tradizioni.

Nella seguente immagine del faraone Tutankhamon si vede chiaramente la presenza della testa di uccello che spunta dalla fronte con a fianco il serpente, quasi a mostrare come le due forze si incontrino al centro del cranio avvalorando le affermazioni di Hall. Le strisce blu e dorate potrebbero rappresentare i mille petali del chakra coronale. Il punto di fuoriuscita dei due simboli è esattamente lo stesso nella seguente statua del Buddha di Nara, suggerendo la presenza di una analogia simbolica e richiamando l'attenzione di nuovo in questa regione del corpo, a qualche chilometro di distanza. Possiamo inoltre vedere un altro richiamo alla pigna tutto intorno al capo di Buddha, che potrebbe anche rappresentare un simbolo del moto vorticoso universale muovente sia le galassie che le particelle subatomiche, passando attraverso uragani e lumache.

Figura 7. Maschera funeraria di Tutankhamon, Egitto. Serpente e uccello, simbolo della dualità universale Yin e Yang, escono dalla fronte.

Figura 8. Statua del Buddha di Nara, Giappone. Il medesimo punto al centro della fronte è evidenziato da un pallino bianco.

Possiamo ora arrivare a comprendere meglio l'Occhio di Horus nominato da Hall, non solo simbolo di prosperità regale e buona salute come sovente descritto. In alcuni amuleti del tempo chiamati udjat e raffiguranti l'Occhio di Horus l'espressione delle forze celesti e terrestri viene mostrata nel dettaglio, con ruolo e sede del rispettivo funzionamento: l'energia celeste alata entra nel cervello per interagire con la ghiandola pineale, mentre l'energia terrestre del serpente si infonde nella ghiandola pituitaria dopo la risalita attraverso le vertebre, simboleggiate dalle squame del serpente. Sembrano quasi delle istruzioni per direzionare la coscienza nella attivazione dell'Occhio di Horus, un simbolismo che trasferisce in breve un ampio pacchetto di informazioni. Un po' come un cartello stradale, la cui visione ci induce una variazione nel funzionamento elettromagnetico, e di conseguenza fisiologico, allo scopo di seguire il messaggio che il simbolo ci veicola attraverso la sua specifica forma: ad uno stop, miliardi di reazioni biochimiche avverranno coerentemente in men che non si dica per fare in modo che gli atomi del piede varino la posizione degli atomi del freno, arrestando il veicolo ed ottenendo il risultato voluto.

Figura 9. Raffigurazione del simbolo di un udjat tradizionale.

Volendo cogliere meglio il senso ed andando oltre al significato mitologico ci rivolgiamo ancora alla scienza, maestra moderna che può aiutarci a togliere il velo di mistero che ricopre la storia dei nostri antenati. Il simbolo dell'Occhio di Horus sembra codificare la sezione anatomica sagittale del cervello mostrante la ghiandola pineale, ed in maniera molto precisa delineerebbe le strutture biologiche che si mostrano in questo piano mediano. Lasciamo sempre il beneficio del dubbio, ma che questa coincidenza sia tutto frutto del caso è abbastanza improbabile.

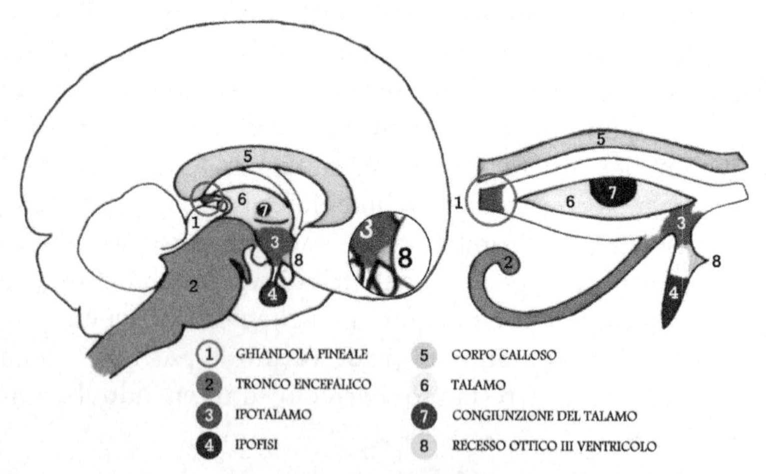

Figura 10. Analogie tra una sezione del cervello e il simbolo dell'Occhio di Horus. Da notare la forte somiglianza di dettaglio del punto 5. Il prolungamento del tronco encefalico prosegue nel midollo spinale, che termina alla base della colonna vertebrale dove giace kundalini, avvolta come simboleggiato.

Come si intuisce dalle analogie strutturali, il processo di apertura dell'occhio della mente può essere più complesso di ciò che sembra: non basta stimolare la ghiandola pineale per entrare in contatto con il "Divino" ma bisogna farla interagire al meglio con le diverse zone del cervello che si trovano attorno. La zona centrale al di sotto del corpo calloso rappresenta il terzo ventricolo, in cui scorre il liquido cerebro-spinale.

Mappe cerebrali lasciate in eredità ai posteri? A quale scopo? Per mettere al sicuro una conoscenza sacra dai malintenzionati, forse. Per via di un periodo cosmico conosciuto come Kali Yuga, ovvero il grande sonno spirituale, forse. Decifrare un simbolo richiede un portatore di conoscenza, che nel caso senta un reale pericolo può celarne facilmente il significato. Come sempre ci teniamo le domande, ci stimolano più quelle delle risposte e ci permettono di continuare a conoscere con curiosità sospendendo il giudizio.

I nostri antenati hanno lasciato fortunatamente in eredità una matematica collegata all'Occhio di Horus, su base due e guarda caso con massimo denominatore 64. Ricordiamo brevemente l'importanza di questo numero:

- 64 esagrammi nell'I-Ching;
- 64 codoni del DNA umano;
- 64 è il numero di cellule che produciamo dopo la concezione prima che queste comincino a differenziarsi;
- 64 posizioni sessuali nel Kamasutra;
- 64 è codificato nella descrizione del Tetragrammaton, la sigla di quattro lettere YHWH significante Dio in ebraico;
- 64 forme di manifestazione di Lord Shiva nell'Induismo[30];

e ci fermiamo qui. Questo numero sembra codificare un particolare rapporto nella manifestazione della realtà, sia energeticamente - I-Ching - che fisicamente - DNA. Il fatto che sia diffuso in culture apparentemente sviluppatesi in maniera autonoma porta la mente a fantasticare, ma ricordiamoci sempre che il pianeta è il medesimo ed il campo di informazione di base in cui siamo inseriti è accessibile a tutti. Siamo inoltre molto carenti di notizie riguardo a chi furono i nostri antenati in quanto la normale archeologia non tiene conto della incredibile manifattura nelle impressionanti strutture che si trovano in Perù e Bolivia: strutture attribuite agli Dei dalle popolazioni indigene come presso Sacsayuhuaman o Puma Punku presentano caratteristiche altamente tecnologiche ad oggi mai riprodotte. L'inspiegabilità di questi ritrovamenti fuori luogo e tempo in un'era priva di strumentazioni avanzate porta a pensare che i nostri antenati forse tanto ignoranti non fossero.

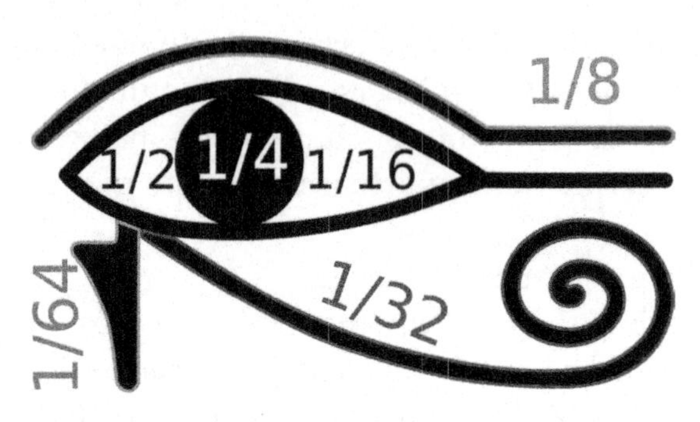

Figura 11. Rapporti numerici nel simbolo dell'Occhio di Horus.

Come si nota, alle singole parti anatomiche viene attribuito un peso matematico nel totale che forse ci indica anche l'importanza rivestita. Classicamente tali numeri vengono attribuiti ai sensi, ma alla luce delle analogie appena viste possiamo provare ad andare oltre. Secondo una personale interpretazione relativa a mappatura delle funzioni cerebrali e valore della frazione, e che vuole unicamente fornire spunti di riflessione senza la pretesa di essere esaustiva, il contributo maggiore riguarda la regione dell'ipotalamo, importantissimo centro di controllo nell'asse dello stress che lo collega ad ipofisi e ghiandole surrenali e che annovera tra le varie funzioni svolte il controllo dell'omeostasi. La definizione di questo ultimo termine può dirci molto:

"L'omeostasi (dal greco "uguale posizione"), è la tendenza naturale al raggiungimento di una relativa stabilità, sia delle proprietà chimico-fisiche interne che comportamentali, che accomuna tutti gli organismi viventi, per i quali tale regime dinamico deve mantenersi nel tempo, anche al variare delle condizioni esterne, attraverso precisi meccanismi autoregolatori." - Wikipedia

Tale funzione vale la metà rispetto al meccanismo complessivo e ricordiamo come nell'ipotalamo siano presenti le molecole della visione. Mantenere un sistema equilibrato nel suo funzionamento è fondamentale per gestire le forze che possono scorrere attraverso il corpo quando si cerca di aprire l'Occhio di Horus, stimolando propriamente il sistema energetico nei suoi sette centri principali di controllo, i chakra. E' sempre bene essere preparati nel caso si stimoli la risalita di kundalini: analogamente a ciò che succede quando si costruiscono gli argini di un fiume, è necessaria ogni accortezza per evitare il danneggiamento delle strutture presenti intorno ad esso in previsione di una piena. Ma è vero anche che questa energia divina fluisce naturalmente quando l'individuo è pronto a gestirla, quando mai lo sarà. Di conseguenza, alla stregua di un'alluvione l'uso degli allucinogeni per sollevare il velo di Maya permette il fluire più liberamente delle energie celesti e terrestri ma può essere pericoloso, e le brutte esperienze possono segnare e confondere l'individuo. L'importanza dello sciamano sta nel "controllare le precipitazioni".

Si passa poi al punto di congiunzione fra talamo destro e sinistro, regione del cervello presente specularmente nei due emisferi e deputata alla regolazione della componente motoria con arricchimento ed integrazione delle informazioni emotive processate dal sistema limbico. Per intuire alcune caratteristiche del sistema limbico si pensi alla sinestesia, un meccanismo funzionale che iperstimolando tale sistema porta l'individuo a percepire i colori degli odori, le forme dei suoni, e così via. Il cervello processa quindi qui le informazioni in modo multisensoriale integrando i sensi con le emozioni, permettendo esperienze dal carattere unico. Alcune esperienze sinestesiche possono essere indotte tramite meditazione od uso di droghe. Tutti sappiamo come una forte emozione possa spostarci dall'equilibrio fisico e mentale: avviene sicuramente un fenomeno che devia i nostri pensieri e potrebbe ad esempio chiudersi lo stomaco, o potremmo variare l'espressione del volto. Essendo la congiunzione tra i talami un punto di collegamento, essa riguarda un canale di comunicazione tra le informazioni processate dal talamo nei due emisferi.

Segue il corpo calloso, una serie specializzata di cellule che permettono ad emisfero destro e sinistro di comunicare. Ai due emisferi viene generalmente attribuita una caratteristica peculiare dell'essere umano: il destro si attiva prevalentemente nei momenti creativi, il sinistro in quelli razionali e logici. Dopo aver considerato l'equilibrio omeostatico del corpo e l'integrazione motoria ed emotiva è bene che la comunicazione tra le parti maschile e femminile sia efficace, tra lato logico e lato creativo, mostrando la necessità di un collegamento funzionale nell'analisi delle esperienze per comprendere con maggior consapevolezza il proprio vissuto. Il vissuto, chiaramente, crea dei canali preferenziali di passaggio delle informazioni di qualsiasi genere, dai processi di elaborazione a quelli di memoria, donando ad ogni singolo cervello un'esperienza unica ed in costante evoluzione.

Arriviamo finalmente alla ghiandola pineale ed al talamo in generale. Da qui comincia l'integrazione energetica della fondamentale forza cosmica essendone l'epifisi la relativa porta di ingresso. E' quindi necessario che la ricezione tramite la ghiandola pineale venga attivata solo dopo un'attenta calibrazione globale, il che ci trasporta nella minuziosa preparazione dei sacerdoti al loro tempo ed è pressapoco ciò che viene svolto in vista di un cerimoniale ayahuasca. Lo sconfinato campo di informazioni esistente nella Mente Universale può portare a conflitti interni rispetto al proprio sistema di convinzioni generato dal proprio vissuto, così è bene prepararsi al meglio ad accogliere queste vibrazioni e ad integrarle tramite la regione talamica. Essendo già stata integrata la comunicazione tra talamo destro e talamo sinistro questo processo può ora avvenire più consapevolmente.

Segue il midollo spinale ed allungato, ovvero il canale fisico per lo scambio di informazioni tra corpo e cervello ma anche canale di risalita dell'energia terrestre. E' mostrato arrotolato all'estremità quasi a simboleggiare l'energia del serpente che dimora proprio alla fine del midollo spinale, a livello del coccige. Una volta che le strutture cerebrali sono calibrate e la connessione cosmica è attiva sarà possibile richiamare kundalini ad attraversare tutto il corpo, in quanto questa energia tangibile troverà compensazione di eventuali disarmonie nella sua risalita. Le compensazioni vengono trovate grazie all'infinità di informazioni presenti a livello cosmico, rispetto alle limitatezze presenti a livello terrestre.

Infine, la ghiandola pituitaria con l'ultima frazione. Questa ghiandola anche chiamata ipofisi esercita un ruolo fondamentale nella gestione ormonale dell'organismo assieme all'ipotalamo, regolando tiroide, gonadi, ghiandole surrenali e varie funzioni fisiologiche. Mentre l'ipotalamo produce per lo più ormoni che regolano il rilascio di altri ormoni, la ghiandola pituitaria produce gli ormoni effettori diretti ai vari organi bersaglio. Con un cervello equilibrato e pronto all'integrazione degli stimoli, la risalita di kundalini è facilitata in quanto ciò che porta con sé questo "fiume in piena", ovvero varie paure, convinzioni e traumi sedimentati nell'organismo, trova un cervello:

- pronto a mantenere l'equilibrio;
- predisposto ad integrare le informazioni in modo bilaterale e multisensoriale;
- collegato alle miriadi di informazioni celesti per poter cogliere le sfumature di ciò che kundalini, risalendo, porta con sé dai centri energetici incontrati nel suo cammino.

Nella progressione dei gradi secondo la massoneria, ogni grado simboleggia, a detta di Manly Palmer Hall, il grado di avanzamento e progressione nella risalita di kundalini lungo la colonna vertebrale, per cui i conti in qualche modo tornano anche in campo mistico. La mente dell'uomo che invoca il Nome Sacro deve essere pronta alla risalita della forza densa e materiale di Madre Terra, una forza che ci tiene ancorati ad essa senza palesi possibilità di scampo, una forza dalla potenza inimmaginabile alla stregua della goccia velenosa di un serpente che uccide in dieci passi, ma che ritto in equilibrio sulla parte finale della coda risulta innocuo. Il serpente ritto sulla coda appare anche nelle credenze dell'Antico Egitto riguardo al viaggio nell'oltretomba affrontato dopo la morte, il che può darci un indizio sull'influsso di tale energia nella percezione dei mondi invisibili. I quali mondi, al momento, li lasciamo ad una eventuale prossima trattazione.

Controllo dell'omeostasi, apertura dello scambio multisensoriale allo stato momentaneo dell'essere, comunicazione tra gli emisferi, ricezione pineale del canale cosmico e nuova integrazione multisensoriale delle nuove informazioni dell'essere, risalita della kundalini dal coccige lungo tutto il midollo con tutta l'espressività dei centri energetici integrati in omeostasi dell'essere, ricezione dell'energia terrestre dalla ghiandola pituitaria. Sembra quasi un protocollo di controllo per un fantascientifico viaggio iperdimensionale, ma se proviamo a ricordare cosa succede quando durante un incubo ci facciamo pervadere inconsciamente dalle paure tutto ciò acquisisce significato. Nessuno conosce mai fino in fondo cosa si cela nell'inconscio, ed è bene essere preparati.

La somma di tutte le frazioni a questo punto risulta 63/64, quindi dove sta la parte mancante? E' definito il contributo del dio egizio Thot, lo scriba degli dei, portatore presso gli uomini di scrittura, magia, geometria, misura del tempo ed enorme saggezza, che lo aggiunge sotto forma di poteri magici. Tali poteri altro non sono, secondo una personale visione, che la presa di coscienza riguardo ad aspetti della realtà non comuni, percepiti come straordinari o magici ma di cui basta solo prenderne atto esercitandosi consapevolmente per cominciare ad utilizzarli a comando. Le divinità egizie, e le divinità in generale, sono associate alla forma umana così si può intendere come questa frazione sia un misto tra potere divino e condizione terrena. Alla fine tocca sempre alla nostra coscienza fare l'ultimo passo per aggiungere il proprio tassello mancante tramite la consapevolezza necessaria, in quanto pur essendo il corpo una macchina perfetta la volontà che vi applichiamo vi apporta delle modifiche che permettono di accedere, in questo caso, a stati alterati di coscienza.

Thot è un personaggio, mitologico o meno, che secondo alcuni autori venne ripreso nel periodo greco con il nome Hermes, propriamente il messaggero degli dei per l'importanza rivestita. Sotto forma di Ermete Trismegisto è un personaggio leggendario a cui viene attribuito il Corpus Hermeticum, un insieme di scritti sulla cui base nacque l'ermetismo: modo velato di trasmettere le informazioni mistiche del tempo. Su tale conoscenza si costruirono varie scuole di pensiero, segrete o meno, e lo ritroviamo spesso citato anche presso gli alchimisti a significare livello e grado di importanza delle sue comunicazioni. Ermete nel Pimandro descrive la "Visione di Ermete", un'esperienza straordinaria alla base della sua missione tra gli uomini e che lo coglie inaspettatamente, permettendo lui di comunicare con una divinità denominata Nous alla quale egli inizialmente chiede "Desidero essere istruito sugli esseri e comprendere la loro natura, e conoscere Dio."[36]. Vediamo così che la comunicazione con il Divino ha origini molto antiche e trattasi di un campo di enorme saggezza raggiungibile attraverso un viaggio interiore.

Alla figura di Ermete viene associato il bastone alato con i due serpenti, il caduceo, in cui di nuovo si vedono le forze di Terra e Cielo. I due serpenti che vi scorrono attorno sono associati a bene e male, dualità che viene controllata con maestria da chi lo porta. Le ali sono simbolo del primato dell'intelligenza, mentale per natura, che si pone sopra la materia per dominarla[28]. Bene e male possiamo intenderli come bilanciamento necessario nell'espressione di ciò che aumenta o diminuisce l'energia vitale, e vederli come nel simbolo del Tao in cui all'interno di una polarità esiste sempre l'espressione seppur minima dell'altra. Come nel Tao tutto fluisce e rifluisce, così ciò che aumenta o diminuisce la nostra energia vitale si presenta a noi costantemente, in cerca di bilanciamento e trascendenza. Bene e male possono essere paragonati ad altruismo ed egoismo, in cui l'altruismo unisce e permette di prosperare insieme mentre l'egoismo separa, ma entrambe le polarità sono necessarie per l'equilibrio dell'uomo: un eccesso di altruismo può far diventare martiri così come un eccesso di egoismo isola nella solitudine. Rappresentano quindi in generale le polarità opposte nella dualità che si palesa ai nostri occhi costantemente, in ogni aspetto della vita. Manifesto di pace e prosperità, come scettro del dio Hermes il caduceo era utile a risolvere le liti tramite l'apporto di equilibrio, un equilibrio divino in quanto egli fungeva da messaggero degli dei in armonia tra Terra e Cielo, Yin e Yang.

Il caduceo è collegato anatomicamente più di quanto si possa pensare alla ghiandola pineale. Se prendiamo uno spaccato del midollo allungato privato del cervelletto, la somiglianza a questo simbolo è straordinaria. Il culmine circolare del bastone corrisponde al terzo ventricolo rappresentato anche nell'Occhio di Horus, mentre il recesso pineale ovvero il collegamento anatomico alla ghiandola è quel foro situato proprio in prossimità del dispiegarsi delle ali. Il bastone raffigura il midollo spinale che prosegue in quello allungato, attorno al quale risale il serpente della kundalini. Di nuovo vediamo un simbolismo correlato alle strutture anatomiche, e ne prendiamo atto senza esagerare nell'illusione di un vero e proprio collegamento.

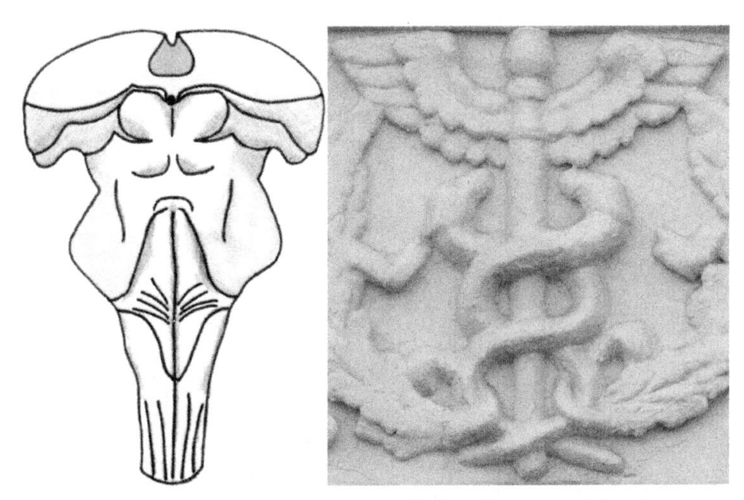

Figura 12. Analogie tra uno spaccato del midollo allungato ed il caduceo.

Altra analogia interessante può essere vista nella descrizione delle tre nadi, i canali energetici in cui, secondo la tradizione indiana dello Yoga, scorre l'energia vitale o prana per alimentare l'organismo. Il canale principale Sushumna è detto Merudanda, parola composta in cui Danda significa bastone e Meru definisce la montagna asse della Terra; indica la colonna vertebrale ed attrae ulteriormente la nostra attenzione riguardo alla parte di bastone nel caduceo. Vi si attorcigliano attorno Ida e Pingala, le due nadi rispettivamente femminile e maschile che rappresentano la dualità vista nei due serpenti del caduceo, ma in questo caso è una dualità primordiale in quanto la generazione che emerge dall'unione di maschile e femminile è alla base della vita e di qualsiasi pensiero. Una generazione armonica, data da una fusione altrettanto armonica tra le due polarità, permette equilibrio tra le parti riducendo al massimo le incoerenze. E l'armonia è determinata dalla consapevolezza della coscienza che muove queste due polarità, come potrebbe appunto essere quella di Ermete.

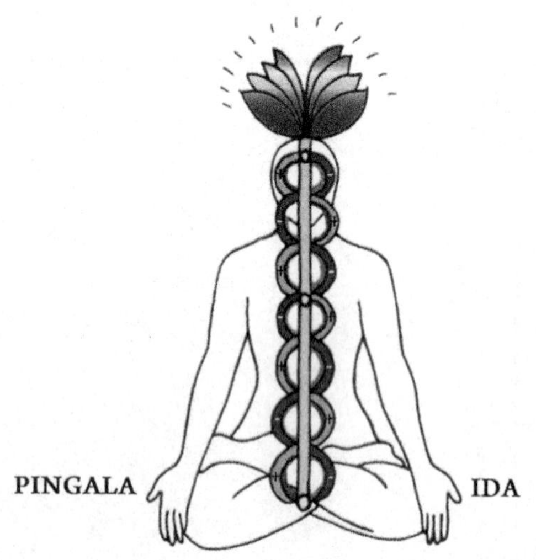

Figura 13. Ida, polo negativo, e Pingala, polo positivo, alla pari dei due serpenti nel caduceo, risalgono un canale centrale per fondersi nel capo.

Il serpente spunta di nuovo nella simbologia dell'omphalos greco, baetile dei romani, termine che significa "ombelico" ed indicante una pietra particolare a forma conica utilizzata nella tradizione dall'oracolo greco per fornire responsi ai quesiti tramite divinazione. L'ombelico, per inciso, è il canale fondamentale di collegamento alla Madre durante lo sviluppo di una nuova vita la quale porterà eventualmente nuove informazioni nella società; esso è anche un marcatore geometrico rilevante rispetto alla lunghezza del corpo umano in quanto segna il punto di proporzione tra parte alta e bassa del corpo secondo il rapporto aureo, o proporzione divina. Evidentemente, il nome omphalos non fu scelto a caso. L'importanza di questa pietra è ulteriormente sancita dalla sua posizione nel santuario di Delfi, Tempio di Apollo, dio del Sole e quindi di ciò che permette la vita e porta luce nell'ombra, la quale riduce fisicamente il fenomeno della visione da cui tutta la nostra società di oggi dipende; viene impressa anche in monete del tempo e di epoca romana, sottolineandone l'importanza simbolica.

Molti baetili sono conservati nei musei, in alcune la trama della pigna è ben visibile, in altre c'è un serpente avvolto, altre ancora sono semplicemente lisce proprio come lo è fisiologicamente la ghiandola pineale. Nell'antichità veniva considerata l'ombelico del mondo, mettendola in stretta relazione alla montagna Meru. Conosciamo bene l'importanza intellettuale della cultura greca, la nostra culla di civiltà occidentale, ora possiamo immaginare da dove potrebbero aver attinto nello sviluppare così tanto le più alte facoltà dell'uomo: la tradizione egizia, la quale è parte di un più antico insegnamento tramandato nei secoli che ha semplicemente preso poi raffigurazioni diverse a seconda del popolo interpretante il messaggio, in quanto sembra avere molto in comune con altre tradizioni. Possiamo ben essere consapevoli di come tutto si perda nella nebbia della notte dei tempi, di cui abbiamo veramente qualche frammento di traccia.

Il concetto di fulcro globale viene espresso ancora nella mitologia egizia con la pietra Benben, centro del mondo su cui il re Atum si eresse durante il suo atto di creazione; viene associata anche alla pietra posta in capo alla piramide. La radice di Benben è Bn, significante ascensione in egiziano[27]. Dato che il verbo ascendere viene inteso verso il cielo od altri piani di coscienza, ancora una volta abbiamo a che fare con qualcosa di mistico che tende ad un piano invisibile, verso il divino. Ricordiamo che la ghiandola pineale è approssimativamente al centro del capo che è sommità del corpo, da dove elaboriamo la percezione del mondo, dove vi creiamo la nostra versione. Tale associazione alla pietra Benben ci porta diretti in America oggi dove si può notare chiaramente sulla banconota da un dollaro una piramide, con un triangolo alla sommità ed un occhio all'interno. Tale occhio è associato alla massoneria[29], ed è l'Occhio di Dio che tutto osserva sempre. Il tutto è circondato dai motti "Annuit Cœptis", ovvero "Egli approva [le nostre] decisioni", e "Novus Ordo Seclorum", ovvero "Nuovo Ordine delle Epoche" ... Interessante, no? A cosa si riferiscono? Siamo sicuramente consci che l'America sia una delle massime potenze mondiali, ma fino a che livello? Noi continuiamo per la nostra strada, senza lasciarci deviare da teorie di alcun tipo, sempre limitandoci a vedere senza giudicare, interrogandoci.

Figura 14. Occhio della Provvidenza, mescolante la simbologia dell'Occhio di Horus, della pietra Benben, delle tre nadi. Il piccolo cerchio a sinistra corrisponde al punto in cui, nell'Occhio di Horus ed in base alle analogie anatomiche, si trova la ghiandola pineale.

Fino ad ora abbiamo visto come in modo più o meno velato i popoli del passato e del presente si siano presumibilmente rapportati alla ghiandola pineale. Di certo si può restare stupiti dalla dovizia di alcune corrispondenze, ma possiamo sempre rifiutare le informazioni. Possono essere semplici coincidenze. Il punto è che quando ci troviamo di fronte ad una pigna del II secolo d.C., di quattro metri, situata in un'omonima corte all'interno di Città del Vaticano, siamo costretti a prenderla in considerazione. Ma con tutti i frutti belli che ci sono proprio una pigna dovevano immortalare? Perché non un ananas, così confondevano le idee? O una sinuosa pera?

Figura 15. Statua della Pigna, Città del Vaticano.

Scherzi a parte, anche la Chiesa conosce bene questa particolarità del corpo, d'altronde gran parte delle tradizioni affonda radici comuni molto simili nella storia. Nella Bibbia stessa, versione anglicana King James, troviamo nel vangelo di Matteo un passo che dice: "La luce del corpo è l'occhio; se quindi il tuo occhio sarà singolo, il tuo corpo verrà riempito dalla luce". Nonostante diverse traduzioni possano esprimere lo stesso concetto con altre parole, in questo caso il messaggio trasferito è ben chiaro e meno allegorico delle numerose metafore che si ritrovano nel Testo. Questa luce descritta potrebbe essere intesa come l'aureola dei santi, i quali hanno raggiunto una connessione con il "divino" equilibrando lo scorrimento delle loro energie interne e raggiungendo una sorta di illuminazione, un'apertura del chakra della corona che è simboleggiata da questa luce attorno al capo. E' ancora possibile vedere il Papa celebrare alcune funzioni religiose con uno scettro dal nome ferula, che presenta una pigna sul manico. Tale bastone sotto il nome di tirso era già presente in antica Grecia tra i partecipanti ai misteri dionisiaci, aveva una pigna all'apice ed era portato da donne adornate seguite da uomini vestiti da satiri, tutti belli ubriachi ed entusiasti. Nel vino consumato durante la cerimonia era lasciata macerare un'edera ed è interessante notare come alcune di queste presentino sostanze psicotrope con funzioni analoghe alla DMT. Tra alcol e sostanze varie, era facile abbandonarsi alle sensazioni e provare un'estasi "divina", per cui Dioniso era venerato come divinità. Lasciare i freni inibitori è una parte necessaria per uscire dagli schemi e svincolare la percezione della mente ampliandone gli orizzonti, ma non è detto che seguire la semplice via delle droghe sia il risultato più utile alla nostra coscienza.

Senza dubbio la Chiesa ha un grande potere di influenza sulle masse, e per quanto si può notare ci sono alcuni possibili collegamenti con la fisiologia umana. Un Papa deve avere grande conoscenza ma soprattutto una fede incrollabile; avere fede significa affidarsi, avere fiducia, e non di certo esclusivamente riguardo alle proprie abilità ma rispetto ad una realtà più grande, cosmica, incomunicabile, avvolta dal mistero ed a volte inizialmente incomprensibile, ma scandagliabile. Solo la nostra parte più nobile, l'anima intesa come ciò che ci permette la vita, è capace di farlo. Il Papa è mediatore ufficiale del rapporto con il Divino in Terra, per cui se ci vuole comunicare qualche abilità la dovrà pur aver sviluppata. E probabilmente sarà in grado di aprire coerentemente l'Occhio di Horus rispetto alla parte universale di Divino con cui comunica, utilizzando qualche tecnica tramandata nei secoli, forse attingendo ad insegnamenti segreti conservati negli archivi del Vaticano.

Interrogandosi sull'anima e sul suo rapporto con pensiero, res cogitans, e corpo, res extensa, Cartesio ipotizzò che la sua sede potesse essere la ghiandola pineale. Di certo non lanciò l'ipotesi a caso ma attinse ad informazioni di varia natura. Prima di lui Platone e Pitagora credevano che l'arte della matematica servisse a purificare un organo che permette una visione chiara e nitida della realtà. Avete presente se un ingegnere si distraesse nei calcoli di distribuzione del peso in un palazzo? Un disastro. In effetti per fare i conti matematici serve innanzitutto un grande focus direzionato con disciplina ad una singola operazione: gli esercizi che comunemente si compiono in meditazione per imparare a governare e liberare la mente. Con l'esercizio si impara a filtrare l'ingresso indesiderato delle distrazioni nella mente, la quale con disciplina si inoltra poi tramite la giusta vibrazione nei meandri cosmici, in omeostasi, senza squilibrare i sistemi interni di funzionamento. Una sorta di ricetrasmittente sintonizzata che, una volta trovato il canale, continua a ricevere sempre lo stesso segnale senza cambiare frequenza. Perché le frequenze di tali comunicazioni, quando si entra in collegamento, devono essere ricevute con meno interferenze possibili onde evitare una grande confusione. I personaggi che abbiamo descritto finora si pongono e si sono posti a cardine di strutture che hanno guidato l'umanità per secoli, assumendosi anche se a volte non sembrerebbe grandissime responsabilità sul proprio operato.

Sicuramente esistono informazioni storiche che qui sono state omesse, ma l'intento è solo quello di mostrare alla mente razionale quanti collegamenti sono stati resi disponibili nel tempo, per aiutarla a comprendere meglio l'importanza della trattazione. Appare evidente come società di ogni tempo e luogo abbiano dato importanza a questa ghiandola, a questa funzione del corpo o più precisamente dell'anima, che partendo da Terra può ricevere le sconfinate informazioni del Cielo rendendole disponibili al terzo elemento, Noi, di congiunzione, capaci poi di manifestarle a Terra con tutte le conseguenze del caso.

Le divinità in generale hanno sempre rivestito un grande ruolo sia nel passato che nel presente, esistono anche solo perché semplicemente narrate e raffigurate, sono entità che fisicamente non sono presenti qui ma vengono regolarmente contattate nelle funzioni religiose di ogni cultura, per un consiglio saggio, una previsione, una direzione da prendere per la comunità: una divinazione. Che sia tutto frutto della fantasia è sicuramente da escludere, visto il peso sociale che queste tradizioni hanno da sempre rivestito. Il fatto che alcuni insegnamenti su come entrare in contatto con questi campi d'informazione siano stati celati e trasmessi in società segrete dona ancora più importanza a queste nozioni. Se effettivamente le esperienze vissute attraverso gli occhi della mente fossero effimere come il quotidiano pensiero di prendere un caffè al bar, non avremmo oggi seimila e passa anni di tradizione tramandati con zelo e cura.

La storia ci insegna così la lezione più importante, perché ciò che perdura e resiste nei secoli in molte realtà diverse ha sicuramente una base solida per candidarsi a verità. Unica e condivisa dal genere umano.

Depurazione della Ghiandola

E' possibile ripristinare il fisiologico stato di funzionamento della ghiandola inducendo una regressione della calcificazione di questo gioiello, aiutandolo a liberarsi dal fluoro ma soprattutto stimolandone la funzionalità. Questa parte del nostro corpo si comporta infatti come un muscolo quando viene allenato: inizialmente le prestazioni possono essere basse e si stanca facilmente, ma con l'allenamento le possibilità aumentano, aumentando forza, resistenza e controllo. Prendere consapevolezza della potenzialità sviluppabile è senza dubbio un grande vantaggio evolutivo, tutti conosciamo bene come le intuizioni ci portino direttamente sul giusto cammino evitando le peripezie esperibili quando avvolti dal dubbio.

Come prima cosa, per qualsiasi diluizione e smaltimento di tossine è necessario bere molta acqua, che aiuta ad aumentare lo stato di idratazione del corpo facilitando lo scambio di sali minerali ed il ricircolo metabolico, diminuendo le possibilità di calcificazione. Controllate bene il livello dello ione fluoruro nelle acque che bevete, perché nonostante ci sia un limite a norma di legge la storia ci insegna che non c'è un limite sicuro nell'utilizzo quotidiano di un veleno. Anni fa quando si scoprì ed attestò la tossicità del piombo - passarono 50 anni quasi dall'inizio del suo utilizzo - la benzina rossa venne ritirata dal commercio perché contenente piombo tetraetile. Il consiglio è di cercare un'acqua che non ne contenga, in modo da ridurre il più possibile l'assunzione. Per chi fosse venuto a contatto con dosi costanti di fluoro, l'assunzione di dieci grammi di tamarindo al giorno si è mostrata efficace nell'aumentare l'escrezione di fluoro con le urine[31]. Trovate qualche buona ricetta, è un po' acidulo.

Fondamentale è la corretta stimolazione al funzionamento della ghiandola, che si ottiene rispettando il più possibile i ritmi cosmici nell'alternanza di luce ed ombra e praticando meditazione per renderla più coerente e cosciente possibile sul suo funzionamento come intermediario. E' sempre l'uso cosciente che determina il livello di abilità nel riprodurre un fenomeno. Riguardo alla meditazione si possono utilizzare le tecniche che più ci aggradano, in quanto inizialmente l'importante è imparare a conoscere il mondo interiore con i suoi moti, le sue caratteristiche e le pulsioni che nascono in noi da un secondo all'altro, celate nell'inconscio. Tali pulsioni sono rappresentate dalle distrazioni che spesso intervengono durante la pratica togliendoci il focus dall'immagine che stavamo proiettando nel seguire un processo meditativo, per cui suggerisco di utilizzare la tecnica che accogliete più serenamente in voi in modo da conferirle più forza possibile. Tutto ciò è importante perché il campo di informazioni presente nella mente collettiva ed universale è vastissimo ed incommensurabile, rendendo facile perdersi in qualche meandro insidioso e martellante. Facendoci poi perdere il controllo del mezzo che usiamo per sperimentare nuovi orizzonti, semplicemente perché quando siamo distratti da altro difficilmente accoglieremo nuove informazioni in modo chiaro. Le distrazioni, in ogni caso, hanno molto senso e ci indicano le nostre debolezze nell'applicare la volontà.

Propongo due meditazioni basilari in quanto ci collegano ad elementi fondamentali per la vita: Respiro, Terra, Cielo e Cuore. La mente in tutto questo sarà lo strumento per dirigere il nostro viaggio. Posizionatevi in qualsiasi luogo, al riparo dai pericoli e dalle distrazioni personali come persone che potrebbero chiamarvi, il telefono sarà in modalità aereo o meglio ancora spento in modo da poter rilassare bene il vostro sistema nervoso, che con il suo asse ipotalamo - ipofisi - ghiandole surrenali gestisce le situazioni di stress e pericolo attivando allarmi di qualsiasi tipo che tenderanno a distrarvi. Anche un semplice messaggio in entrata potrebbe attivare una cascata di reazioni emotive o mentali, se non reazioni fisiche ormai automatiche, per cui lasciamo da parte tutto per dieci minuti della nostra vita con lo scopo di prendere coscienza di ciò che circola in noi stessi.

Ognuno di noi è partecipe delle vicende più varie durante il giorno, da quelle estremamente rilassanti alle ore di tensione in ambito lavorativo in cui ogni secondo è sinonimo di produzione per scambio di denaro, il quale porta a benessere economico con conseguente minore necessità di preoccuparsi e problemi per la sopravvivenza. Ecco che la vita viene vissuta costantemente in tensione, variando così i parametri cardiocircolatori e respiratori per non parlare di quelli ormonali, e portandoci ad identificare tali stati dell'essere con ciò che è normale vivere, spesso senza porci il dubbio se tutta quella tensione sia realmente necessaria. Lavorando come farmacista ho intervistato diverse persone che prendevano molti medicinali per patologie croniche chiedendo loro: "Come è potuto succedere tutto questo?" e ricevendo spesso la risposta "Ho lavorato una vita, raramente ho avuto giorni di malattia, e quando sono entrato in pensione dopo poco mi son ritrovato in questa situazione". Altre risposte indicavano come tali squilibri derivassero da eventi vissuti male che hanno lasciato quelle tracce. Prendere coscienza di un meccanismo con cui guardarci dentro e cominciare a scaricare le tensioni accumulate in qualsiasi luogo e momento permette di vivere più sani, senza riempire il magazzino inconscio di scarti disordinati che poi, voglia o no, creano solo confusione e rischiano di andare a male.

La prima esperienza riguarda il collegamento alla propria respirazione, il veicolo con cui continuiamo a mantenerci in vita costantemente inalando ciò che si trasforma all'interno di noi in energia vitale e di coscienza. E' proprio grazie all'ossigeno, e quindi grazie alla sua produzione dalla natura principalmente color verde come il chakra del cuore che la vita ci è permessa, ma poca attenzione direzioniamo verso la respirazione durante il giorno e verso le piante che incessantemente a tutte le stagioni lo producono, a cui rendiamo ora un amorevole grazie. All'ossigeno introdotto come combustibile segue l'espulsione dello stesso - da altre fonti - con aggiunta di un atomo di carbonio, il quale sotto forma di anidride carbonica lascia il nostro organismo dopo aver partecipato alla produzione di energia poliedrica in noi. L'ossigeno ci porta ordine dentro, permettendoci di mantenere attive le funzioni vitali; l'anidride carbonica porta fuori gli scarti di tale attività e quindi il disordine, comportandosi da estremo opposto all'ossigeno ed evitando fisiologicamente all'ordine di prendere parte alla vita, in quanto ne condivide lo stesso meccanismo di trasporto. E' comunque, nella giusta misura, un componente essenziale per l'equilibrio dell'organismo in forma di ione bicarbonato. Yin e Yang, una polarità nell'altra per il giusto equilibrio.

Consapevoli di ciò, possiamo cominciare a meditare sulla nostra respirazione. Consiglio di leggere parte per parte, seguendo la guida con i propri tempi, tenendo gli occhi chiusi ed aprendoli delicatamente per leggere. Evitate di aspettarvi qualcosa, ognuno percepisce le esperienze a modo proprio: c'è chi vede immagini, chi sente flussi di calore, chi vede colori, e chi più ne ha più ne metta. Altro elemento fondamentale: non è una gara, è un'esperienza.

Siediti comodamente,
poni a tuo agio testa, schiena, braccia e gambe
in modo da evitare al massimo
le distrazioni del corpo fisico

Chiudi gli occhi,
focalizzati sul tuo respiro
e comincia ad ascoltare la tua respirazione:
ascolta come l'aria entra ed esce dai tuoi polmoni,
senza giudizio e senza forzature.

Diventa consapevole di eventuali irregolarità e tensioni,
se necessario fai un respiro profondo
e rilascia ciò che serve,
fino a quando la tua respirazione
diventerà rilassata e regolare.
Prenditi tutto il tempo che serve.

Ora che la tua respirazione è rilassata, lunga e regolare,
immagina che ad ogni inspiro entri una luce bianca,
armonica, serena e calma, che riempie il tuo torace.
E ad ogni espiro, esce una luce un pochino più grigia,
che porta con sé tutte le tensioni.

Continua a percepire queste immagini
fino a quando la luce che entra in te
diventa uguale a quella che esce da te.

Ora, comincia ad accumulare questa luce nel tuo torace
e riempilo di questa vibrazione calma, armonica, pacifica.

Quando percepisci il tuo torace splendere di questa luce,
lascia che questa si espanda a tutto il tuo corpo
armonizzando e portando pace in ogni tua singola cellula
in qualsiasi organo, ringraziando con amore dal tuo cuore.

Ora che l'espansione è completa,
piano piano comincia a muovere le dita di mani e piedi,
estendi il movimento a caviglie, braccia, collo e testa.

Portando la tua attenzione al luogo in cui ti trovi
apri con calma gli occhi.

Ben tornati! Come vi sentite? Siete riusciti a rilassarvi o avete continuato a pensare che fosse tutta una suggestione inutile? Oppure il gatto continuava a miagolare e avete dato retta a lui cercando di portare avanti l'esperienza? Sappiate che qualsiasi esperienza viviamo il nostro corpo la prende come reale, e quando seguiamo certi procedimenti stiamo semplicemente aiutando l'organismo a sintonizzarsi su una certa frequenza di vibrazione per poter sperimentare e costruire circuiti neurali diversi. Avendo lavorato con cognizione di causa su ordine e disordine del corpo, automaticamente abbiamo apportato una certa dose di riequilibrio fisico, mentale, emotivo e spirituale. Come in qualsiasi cosa, se crediamo in ciò che facciamo abbiamo risultati migliori e così facendo alleniamo le facoltà percettive che ci permettono di comprendere quanto potere abbia la nostra immaginazione. Se invece avete seguito un decimo delle istruzioni o avete faticato nella percezione, è normale: nemmeno Mozart compose le sue sinfonie al primo colpo, dovette allenarsi come tutti.

La prossima meditazione può portarci dove vogliamo in quanto prende in considerazione tre elementi fondamentali nella costituzione dell'uomo: il collegamento al canale di Terra, il collegamento al canale di Cielo, l'armonia dei due canali mediata dal Cuore che è punto mediano di incontro. Il Cuore è l'unico organo che, estratto dal corpo, continua a funzionare per qualche minuto: esso contiene la scintilla divina, il pacemaker naturale del nodo seno atriale che permette ad ordine e disordine nonché a qualsiasi nutrimento di circolare nell'organismo. Possiamo ora ben immaginare quale importanza abbia questo ingranaggio nella nostra armonia globale e nel nostro equilibrio anche se siamo abituati ad attribuire importanza maggiore alle facoltà del cervello, che esercita il controllo e la gestione delle informazioni fisiche tangibili e mentali intangibili. Potremmo notare a favore del cuore che il suo campo elettromagnetico è molto più potente di quello generato dal cervello, ma dovremmo dire per par condicio che il cervello condivide le stesse frequenze di funzionamento del pianeta Terra, ovvero la risonanza di Schumann. Entrambi quindi sono importanti, ma mentre il Cuore continua sempre diligentemente a scambiare le medesime forme di ordine e disordine, la Mente ci porta nelle strade più eterogenee, senza disciplina, illudendoci di qualsiasi cosa. Ricorrendo ad una analogia il termine mente prende lo stesso significato italiano del verbo mentire, e pensandoci con onestà intellettuale la Mente ci porta a realizzare in momenti diversi tutto ed il suo contrario, rendendoci reali entrambe le prospettive e mostrandoci come ordine ciò che prima appariva disordine, cosa che il Cuore non fa mai.

Il Cuore prende così ai nostri occhi la supremazia nello scambio e distribuzione di ordine e disordine e con questa coscienza lo inseriamo come giunzione tra Terra e Cielo nell'esperienza che segue. Come primo passo per ogni meditazione, calmiamo prima il respiro per scaricare la maggior parte delle tensioni e rilassarci. Buon Viaggio!

Siediti comodamente,
poni a tuo agio testa, schiena, braccia e gambe
in modo da evitare al massimo
le distrazioni del corpo fisico

Chiudi gli occhi,
focalizzati sul tuo respiro
e comincia ad ascoltare la tua respirazione:
ascolta come l'aria entra ed esce dai tuoi polmoni,
senza giudizio e senza forzature.

Diventa consapevole di eventuali irregolarità e tensioni,
se necessario fai un respiro profondo
e rilascia ciò che serve,
fino a quando la tua respirazione
diventerà rilassata e regolare.
Prenditi tutto il tempo che serve.

Ora che la tua respirazione è rilassata, lunga e regolare,
immagina che ti scendano delle radici
dai piedi o dal primo chakra
che si addentrano nella Terra fino ad arrivare al nucleo,
energia dal colore arancione-rosso incandescente,
stabile, ferma, nutriente, accogliente.

Le tue radici si compenetrano con esso.
L'energia del nucleo terrestre risale le radici
fino ad arrivare ai piedi, e risale tutto il corpo lentamente
passando dalle ginocchia, dal bacino, dal torace,
dalle braccia e permeando il cervello
fino alla sommità del capo.

Rilassati, e mantieni questa coscienza.

Ora che sei vibrante di questa energia,
guarda in Cielo con gli occhi della Mente
e trova il punto luminoso bianco che ti attrae,
la Luce che rappresenta la tua natura più nobile ed elevata.
Osserva questa Luce bianca scendere su di te,
una Luce ricca di informazioni e dinamismo,
la quale entra dal tuo capo
e riempie ogni cellula del tuo corpo,
fino alla punta dei piedi.

Rilassati e mantieni questa coscienza.

Ora che hai accolto queste due energie,
osserva il centro del tuo torace
in cui si trova un punto più luminoso degli altri:
rappresenta il Cuore, la tua Armonia, il tuo Centro,
la Scintilla Divina, la gestione di ordine e disordine.

Osserva le due energie mescolarsi nel Cuore,
il quale porta armonia tra Terra e Cielo
eliminando il disordine e portando ordine
rendendoti presente e partecipe a tutto l'Universo,
in modo armonico ed equilibrato, senza tensioni.

Estendi l'armonia di questo mescolamento
a tutto il tuo corpo.

Rilassati, e mantieni questa coscienza.

Quando l'espansione è completa,
piano piano comincia a muovere le dita di mani e piedi,
estendi il movimento a caviglie, braccia, collo e testa.

Portando la tua attenzione al luogo in cui ti trovi
apri con calma gli occhi.

Come è andata? Avete vissuto concretamente la vibrazione delle due energie? Avete percepito la densità della Terra ed il frizzantino del Cielo? Avete percepito il disordine lasciare spazio all'ordine? Oppure come al solito nulla vi ha suggestionato? Stimolare il Terzo Occhio può essere difficoltoso se avete la tendenza a rimanere tesi ed è proprio per questo che è necessario l'esercizio, imparando con il tempo a rilasciare la tendenza a sopravvivere per far spazio a quella di vivere. Potete ricorrere ai mudra per facilitare la meditazione, forme di gestione dell'energia vitale attraverso il posizionamento differente delle dita rispetto ad altre dita della mano opposta o alla mano stessa. Unendo pollice ed indice vengono stimolate le onde cerebrali alfa le quali permettono di scaricare meglio la tensione; rimanete in quello stato, con gli occhi chiusi, fino a che vi sentite più sereni. Procedete con unire pollice ed anulare, stimolando così le onde theta che vi aiuteranno nei processi immaginativi e dopo qualche minuto potete riprovare la meditazione.

Dieci minuti ogni due giorni si trovano sempre, e bastano per allenare mente e corpo apportando dei benefici notevoli. Le modifiche che questi accolgono rilasciando le tensioni quando stimolati da questi processi mentali avvengono anche a livello del DNA, ed è tutto descritto da una branca della scienza che prende il nome epigenetica. Ci sono ormai vari studi che attestano come meditatori esperti dopo ore di meditazione intervallata da altre attività modifichino l'espressione di molti geni tra cui alcuni che portano ad effetti proinfiammatori, riducendola rispetto ad un gruppo di controllo che svolge attività classiche come guardare un documentario[35]. In letteratura, con pazienza, si trovano altri riferimenti, e consiglio di documentarsi.

Ci sono mille motivi per allenare l'occhio intuitivo della mente, e mille scuse per non farlo. Un'ora a settimana suddivisa in sette giorni non è poi così un grande sforzo, e sicuramente aiuta a migliorare il livello di tensione che ci portiamo dentro. Togliete 52 ore all'anno di televisione o di birre al bar e avrete una ghiandola pineale più coerente con le funzioni del vostro corpo, sia con quelle fisiche che spirituali. Potrebbe cambiare la vostra vita! La mia l'ha cambiata di sicuro.

Una Visione

Siamo esseri umani, e se vogliamo prosperare dovremmo comunicare nel miglior modo possibile. Se volessimo dare ascolto alle civiltà antiche nell'importanza che attribuivano al Divino, possiamo ben renderci conto che esso si trova in ognuno di Noi e basta solo comunicarci con gli strumenti adeguati. In queste pagine avete trovato una sintesi, per quanto possibile, di molte informazioni correlate alla ghiandola pineale compilate dando spazio alla scienza per il ruolo che essa gioca nella società attuale. La scienza rappresenta lo strumento che l'uomo moderno, di matrice logico razionale, utilizza maggiormente per credere nei fenomeni che osserva; una volta si usava la fede. Logica ed intuizione sono state messe in gioco per trovare un'interpretazione dove fosse mancante. E' per questo che non troverete nozioni approfondite di cristalloterapia o chakra, che personalmente ho approfondito e per le quali rimando ad altri testi. Ho cercato di escludere il più possibile qualsiasi argomento si basi oggigiorno sulla semplice fede o effetto placebo perché, in qualità di chimico farmaceutico, comprendo le necessità di una trattazione logico razionale la quale fa approdare a solide rive di conoscenza da usare come base per ulteriori ricerche sia nel campo del visibile che dell'invisibile. E' comunque chiaro che le esperienze in ambito spirituale risultano prevalentemente soggettive, in quanto è la soggettività delle proprie percezioni che permette di conoscere l'Universo. Trovare poi una conferma nelle percezioni soggettive del nostro prossimo è ciò che, con il tempo, permette alle percezioni una volta soggettive di acquisire maggiore oggettività.

In onore alla comunicazione ho semplificato per quanto potessi la barriera del linguaggio scientifico, che scoraggia l'integrazione di tali informazioni a chiunque non sia del mestiere a causa della varietà di termini specifici e per la lingua inglese che richiede sicuramente l'intervento di un interprete. Ho "tradotto" la scienza in quanto i suoi sostenitori vincolano spesso la comunicazione ad un sistema di concezione dogmatica della realtà, fuggendo da tutto ciò che si può chiamare spirituale ed aborrendo frequentemente l'idea di confrontarvisi. Come la Chiesa del passato nei riguardi della scienza, del resto. Una specie di fluire e rifluire associabile al Tao, da cui possiamo uscirne quando vogliamo trovando la personale sintesi tra i due.

Dove la scienza non è ancora arrivata pubblicamente con i suoi strumenti di misurazione, ovvero in campo energetico "sottile", ho cercato di attivare l'intuizione per entrare nei fondamenti di questo tipo di conoscenza, i quali molto semplicemente si presentano davanti a noi in ogni singolo momento della nostra esistenza. Aggiungo per esperienza personale e condivisa con molte persone che questi fenomeni "sottili" possono essere percepiti molto a livello fisico, sebbene non siano ancora misurabili. Credo di aver interagito "invisibilmente" con almeno trecento persone nell'arco di qualche anno di vita, utilizzando questo tipo di sensibilità sconosciuta alla scienza ed ogni volta mi stupisco di come un campo mentale veicolato a comando tramite una mano possa far provare sensazioni diverse ad ognuno di noi. E di come differenti campi mentali inducano sensazioni differenti, che la persona percepisce inspiegabilmente come sensibile variazione repentina da un momento all'altro spesso nell'esatto momento in cui questi vengono applicati. Tutto questo accade splendidamente quando la persona si apre alla sperimentazione, senza opporre resistenze, giocando come farebbe un bambino, ed in funzione di quanta resistenza mette in campo i risultati sono più o meno variabili. E ripetibili.

Di frequente le stesse persone che si oppongono a ciò che non è ancora misurabile mai hanno sperimentato la meditazione, mai hanno provato ad intraprendere un qualsiasi percorso "spirituale" in cui si indaga nei mondi invisibili, per cui è la semplice ignoranza che li tiene distanti dal confronto, per di più negando loro l'integrazione di questo fenomeno reale. Perché non solo gli esperimenti scientifici si possono riprodurre, si possono riprodurre anche quelli nel campo energetico e spirituale. La riproducibilità dà forza alla fede, e proprio crederci aiuta a comprendere l'importanza, grande o piccola che sia, scientifica o spirituale che sia. Chi di noi di fronte ad un pianoforte può suonare una composizione a tre voci di Bach senza addestramento? Allenamento, integrazione nella coscienza consapevole dell'abilità, e poi riproducibilità. E sperimentazione.

La meditazione è spesso sottovalutata. Alcuni studi scientifici mostrano come meditare regolarmente utilizzando varie tecniche di rilassamento possa modificare epigeneticamente l'espressione di centinaia geni, molto spesso riducendo il rilascio di cortisolo e limitando i processi infiammatori. La beatitudine o la semplice tranquillità che si possono sperimentare in questo stato può essere rara da vivere nella routine quotidiana, ho visto persone piangere di gioia. E' un modo per staccare la spina dal mondo esterno e per indagare od osservare il mondo interno, quella parte di Universo che è sempre con noi e che forse proprio per questo diamo per scontata. Sono le informazioni che ci portiamo sempre appresso, cristallizzate in noi sia a livello mentale che fisico. Pensate sia semplice fare il vuoto mentale? Pensate di essere padroni dei vostri pensieri? Verificate voi stessi, chiudete gli occhi, provate a svuotare la mente... Vi accorgerete probabilmente di come abbiamo poco controllo sul flusso dei pensieri, sulla rapidità con cui ci distraiamo e sulla solennità con cui ci diamo delle scuse. O forse sarete perfettamente in grado di farlo. O magari arriverete alla conclusione che state solo perdendo tempo. In questo ultimo caso, sappiate che il tempo dedicato a guardarsi dentro è diverso dal tempo perso. Esso è prezioso oltre ogni valore, insegna molto riguardo a noi stessi, a come funzioniamo realmente. E ci pone in relazione alla collettività con una visione più ampia ed empatica, che modifica in ultima analisi l'espressione dell'intero tessuto sociale.

Abbiamo tracce di un simbolismo vivente da migliaia di anni che coinvolge i sumeri, passa per l'Antico Egitto sviluppandosi parallelamente in Asia, avvolge la Grecia, attraversa di nascosto il Medioevo per parlare dalla bocca di Cartesio, forse anche prima di tutto questo entra nelle scuole misteriche e vi si manifesta con l'arte massonica o esoterica in generale, e tutt'ora si mostra con la ferula papale e nella religione induista tra la popolazione tramite un punto colorato segnato in centro alla fronte. Anche questo si palesa all'occhio razionale, che però a volte rifiuta i collegamenti semplicemente perché nessun canale ufficiale attesta con fermezza le correlazioni, forse perché ci sono comportamenti che continuano ad essere perpetrati in questo splendido Pianeta come la poco utile fluorizzazione delle acque, per i quali sarebbero "mandate al rogo" molte persone, ma i canali ufficiali seguono la loro programmazione nel divulgare le informazioni. Quando in Islanda qualche anno fa vi fu la cancellazione del debito pubblico e riscrissero la costituzione, pochi se non nessun telegiornale ne parlò. Fu un evento di portata enorme di cui se ne sarebbe potuto parlare per mesi, tutti i giorni, invece i media preferirono e preferiscono tuttora parlare per mesi di un omicidio. Mistero. Ma ne discuteremo in un altro momento.

Un chiarimento è poi necessario, perché trovate spesso riferimenti alla massoneria ma solo per semplicità di raccolta delle informazioni: è l'unica scuola esoterica che risulta esposta maggiormente alla conoscenza del pubblico, sebbene si sappia solo una minima parte. Le informazioni che vengono condivise in queste società più o meno segrete ma sicuramente chiuse ai non affiliati sono tramandate attraverso secoli di tradizione orale e solo recentemente scritta. Gli insegnamenti hanno radici molto antiche, ed è per questo che sono considerati ad appannaggio di pochi: carne all'uomo forte, latte al bambino. Ovvero: ad ognuno le informazioni che può gestire coerentemente, ricordando che la dispersione diminuisce la resa.

Le esperienze soggettive narrate sono alcuni semplici strumenti che ho utilizzato per la comprensione della natura umana, essendo emerso da anni di studi scientifici risultò complicato abbattere gli schemi imposti per valutare gli aspetti non misurabili che percepivo assieme ad altre persone. Chakra? Lo si misura con un dispositivo di rilevazione al plasma? No, ma ancora si percepisce intuitivamente. Come ci insegnarono gli antenati orientali, che tuttora tramandano la conoscenza. Le istruzioni sono disponibili, basta avere la pazienza di provare. E personalmente mi ci sono messo di impegno, nonostante i ripetuti fallimenti, perché è semplice rifiutare le informazioni senza avere il coraggio di sperimentarle. E, con il tempo, tali informazioni sono diventate ripetibili.

Le intuizioni sono istantanee ma spesso attendono lo scorrere del tempo per ricevere una conferma. Le intuizioni inoltre modificano la percezione della realtà, che può improvvisamente cambiare forma. Più informazioni abbiamo inserito nella coscienza, consapevole o meno, riguardo alla manifestazione fenomenica della nostra vita e più è diversa la percezione che abbiamo di ciò che osserviamo. L'essenziale di queste pagine è racchiuso nella funzione intuitiva del Terzo Occhio. Le esperienze in cui ci catapulta a volte sono forti, risvegliano sensazioni dolorose, ma di cosa dobbiamo avere paura? Nasce tutto dall'interno di noi, dalla nostra percezione della realtà che ripeto: possiamo cambiare in qualsiasi momento. Siamo come delle radio che aspettano solo di essere sintonizzate su quella frequenza profondamente e "divinamente" in risonanza con noi stessi ma che nel frattempo, essendo accese, trasmettono un canale qualsiasi in risonanza con la superficie, spesso riflettendo i canali degli altri o facendo addirittura scegliere a loro per noi. Quanto spesso alimentiamo i nostri limiti e le nostre paure invece che superarli? Quanto spesso nella nostra vita siamo condizionati dai modelli di comportamento più in voga nel prossimo per vivere le nostre esperienze? E quanto permettiamo al giudizio altrui di condizionare ciò che siamo?

Ritengo fondamentale lo sviluppo di questa funzione intuitiva, del Terzo Occhio in armonia con tutti gli altri centri, e rappresenta il motivo principale per cui ho messo insieme queste pagine. L'intuizione è ciò che può guidarci quando siamo di fronte ad una scelta razionalmente nebbiosa, ciò che ci permette di vedere il collegamento tra moltissimi aspetti e avvenimenti in un attimo, è ciò che ci fornisce preziosi indizi sul nostro percorso e dona un magico senso a tutto. Scorre facilmente attraverso di noi in alcuni periodi, sembra completamente assente in altri ma è insito nella nostra natura duale tutto questo, sta semplicemente a noi imparare a scegliere su quale canale sintonizzarci. Era proprio nelle questioni importanti o per casi estremi di salute che veniva consultato l'oracolo. Conosci te stesso?

Le funzioni predittive degli oracoli nel passato erano senza dubbio delle forme di meditazione. Ricordate il discorso sulla radio? Sono semplici frequenze, vibrazioni, campi di informazione. L'uomo scopre solamente come riordinare i pezzi per riceverle. In particolari condizioni di ipnosi o trance autoindotti, Edgar Cayce riusciva a diagnosticare lo stato di salute di una persona utilizzando un linguaggio medico a lui sconosciuto, indicando poi delle cure che consentivano effettivamente al disturbo di passare. Lo chiamavano profeta dormiente. Credo che un meccanismo simile sia alla base di questo modo di scoprire, credo sia stato utilizzato spesso nell'antichità, e credo sia nelle possibilità di ogni singolo uomo. E' il collasso di una funzione d'onda, l'osservazione di un fenomeno, ma per riuscirci bisogna rimuovere tutta una serie di sovrastrutture soggettive ed è per questo che solo pochi erano idonei a farlo. Perché solo in pochi sono disposti mettersi al servizio del prossimo limitando le interferenze del proprio ego.

I comportamenti più importanti oggi parlando di funzione del Terzo Occhio e quindi di intuizione sono il continuare ad interrogarsi, rendersi umili di fronte alla vastità della conoscenza in circolazione, ed assecondare il cambiamento di prospettiva quando si presenta, anche solo per poco. Aprire la coscienza alla comprensione di visioni opposte alla nostra è di fondamentale importanza per avere un quadro generale chiaro, per cercare di essere il più possibile al di sopra della lotta di parte che dissipa energie mentali e materiali per farci vincere una semplice battaglia, magari illudendoci di vincere una guerra probabilmente persa in partenza da entrambe le parti. Ricordiamoci Ermete, il caduceo. Dobbiamo fare i conti con il libero arbitrio nostro e del prossimo, ma portando qualsiasi discordia sopra il piano duale della discussione - al di fuori di un qualsiasi "ho ragione io" - la risoluzione armoniosa è più semplice di quanto immaginiamo. Tutto questo contribuisce a co-creare tutti insieme una realtà collettiva che si dirige verso l'espressione del nostro potenziale più elevato, liberando le energie direzionate al conflitto per direzionarle al servizio di benessere e pace nostri e del nostro prossimo. Tutti insieme. Stiamo dormendo profondamente incatenati ai conflitti quotidiani, sia nostri che sociali, quando potremmo risvegliarci per portare armonia e pace ovunque sia necessario, in modo da dormire sogni tranquilli e smettere di sopravvivere per iniziare a vivere.

Quante battaglie ancora dobbiamo combattere
prima di imparare che le lezioni da apprendere non
richiedono sempre lo scontro?

Conoscenza, consapevolezza ed umiltà sono gli strumenti
che ci possono liberare dai vincoli per sviluppare il nostro
potenziale e collegarci intimamente a noi stessi.

E la conciliazione degli opposti
è una chiave per la vittoria.

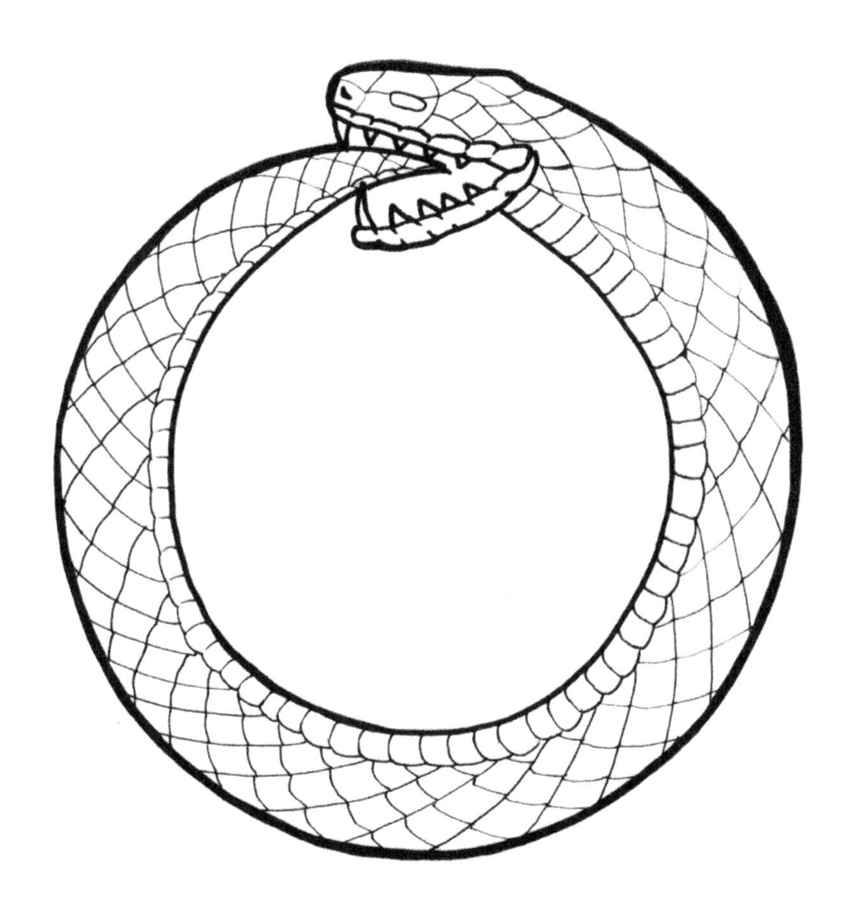

Bibliografia

1. A. Pasqualino e G.L. Panattoni, Anatomia Umana, UTET, 2007.
2. https://it.wikipedia.org/wiki/Ghiandola_pineale
3. S. Baconnier et al, Calcyte Microcrystals in the Pineal Gland of the Human Brain: First Physical and Chemical Studies, Bioelectromagnetics 23:488-495, 2002.
4. Grandjean ad Landrigan, Neurobehavioural effects of developmental toxicity, The Lancet, 13(3):330-338, 2014.
5. http://articles.mercola.com/sites/articles/archive/2013/04/30/water-fluoridation-facts.aspx
6. http://fluoridealert.org
7. http://www.icnr.com/articles/fluoridedeposition.html
8. http://www.actionpa.org/fluoride/nrc/NRC-2006.pdf pag.87;176.
9. Kunz et al., 1999.
10. https://it.wikipedia.org/wiki/Fluorizzazione_dell%27acqua
11. Emet et al, Melatonin, Its Receptors and Drugs, Eurasian J Med 2016; 48:135-141.
12. http://protein.bio.msu.ru/biokhimiya/contents/v79/full/79101316.html

13. Cajochen et al., Evidence that the Lunar Cycle Influences Human Sleep, Current Biology (2013), http://dx.doi.org/10.1016/j.cub.2013.06.029.
14. Bubenik GA, Localization, physiological significance and possible clinical implication of gastrointestinal melatonin, Biol Signals Recept. 2001 Nov-Dec;10(6):350-66.
15. Lionella P. et al, Tryptophan Biochemistry: Structural, Nutritional, Metabolic, and Medical Aspects in Humans, Journal of Amino Acids 2016.
16. https://www.erowid.org
17. http://www.antidepressantsfacts.com/pinealstory.htm
18. Rick Strassman, DMT, The Spirit Molecule, Park Street Press, 2001, ISBN 0-89281-927-8.
19. RB Guchhait, Biogenesis of 5-methoxy-N, N-dimethyltryptamine in human pineal gland, Journal of Neurochemistry, 1976.
20. http://italocillo.it/ayahuasca/
21. http://www.ilcerchiosciamanico.it/articoli/p5/86/la-cerimonia-dellayahuasca-presso-gli-shipibo-di-luciano-silva.html
22. https://it.wikipedia.org/wiki/Recettore_sigma-1
23. Luke J.A., The Effect of Flouride on the Physiology of the Pineal Gland, Guldford 1997
24. Blackshaw, S; Snyder, SH (1999). Encephalopsin: a novel mammalian extraretinal opsin discretely localized in the brain, J Neurosci. 19 (10): 3681-90.
25. Koyanagi Et al, Diversification of non-visual photopigment parapinopsin in spectral sensitivity for diverse pineal functions, BMC Biology (2015) 13:73.
26. Vigh et al, Nonvisual photoreceptors of the deep brain, pineal organs and retina, Histol Histopathol (2002) 17: 555-590.
27. Wilcock D., The Source Field Investigations, Dutton.

28. https://it.wikipedia.org/wiki/Caduceo
29. https://it.wikipedia.org/wiki/Occhio_della_Provvidenza
30. http://academy.resonance.is/
31. Al Khandare et al, Effect of tamarind ingestion on fluoride excretion in humans, European Journal of Clinical Nutrition (2002) 56, 82-85.
32. Masters et al, Melatonin the Hormone of Darkness: From Sleep Promotion to Ebola Treatment, Brain Disord Ther. 2014 ; 4(1).
33. Bioelectromagnetics and Subtle Energy Medicine, Paul Rosch, 2014, CRC press.
34. Tan DX et al, Pineal Calcification, Melatonin Production, Aging, Associated Health Consequences and Rejuvenation of the Pineal Gland, Molecules 2018, 23, 301; doi:10.3390/molecules23020301
35. Perla Kaliman et al, Rapid changes in histone deacetylases and inflammatory gene expression in expert meditators, Psychoneuroendocrinology, 2014, February; 40: 96-107.
36. Corpus Hermeticum, 2005, Bompiani.

Crediti Figure

1. Riproduzione artistica dell'autore.
2. Elaborazione dell'autore.
3. Wikimedia commons.
4. CC 2.0. Ritaglio di https://www.flickr.com/photos/edenpictures/6905103783
5. Jeff Dahl, Wikimedia commons.
6. Jeff Dahl, Wikimedia commons.
7. Traumrune, Wikimedia commons, CC By 3.0.
8. Fotografia dell'autore.
9. Riproduzione artistica dell'autore.
10. Riproduzione artistica dell'autore.
11. Benoit Stella alias BenduKiwi.
12. Fotografia e riproduzione artistica dell'autore.
13. Riproduzione artistica dell'autore.
14. Solipsist, CC by SA 3.0.
15. Antonio Sacco.
16. Enrico Gaino.

Printed in Great Britain
by Amazon